U0448719

李白画传

中国历史文化名人画传系列

朱　虹
曹雯芹　／著

江西·南昌

李白

（701—762）

李白（701—762），字太白，号青莲居士，又号“谪仙人”，出生于西域碎叶城，成长于剑南道绵州昌隆青廉（今四川江油青莲），中国历史上伟大的浪漫主义诗人。他主要生活于盛唐时期，一生好诗、酒、剑、交友、游历，曾经得到唐玄宗李隆基的赏识，担任翰林供奉，后被赐金放还。有《李太白集》传世，存诗作九百余首，代表作有《静夜思》《望庐山瀑布》《行路难》《蜀道难》《将进酒》《早发白帝城》等，被誉为“诗仙”，与“诗圣”杜甫并称为“李杜”，他们共同定义了唐诗乃至中国古典诗歌的黄金时代。

序 浪漫之巅

“床前看月光，疑是地上霜。举头望山月，低头思故乡。”

一首李白诗，仿佛一条文化脐带，把中华儿女紧紧连接在一起。无论何时，无论何地，它都会让中华儿女实现心灵相通和情感共鸣。

李白的诗句，仿佛有一股魔力，能让我们一瞬间又变得青春年少，雄心万丈。他带我们回到过去，重新找回人生中最美好的部分；他帮助我们从人生的茧房里冲出来，从条条框框里走出来，从谨小慎微里挣脱出来，带我们呼吸自由的风，品尝热辣的酒，交往志趣相投的朋友，攀登未知的高峰，丈量脚下的山河。

那颗勇敢、浪漫、洒脱、不羁的心，正是这节奏越来越快、路标越来越模糊的世界所需要的，无论未来是好是坏。

今天的我们，每个人身上似乎都缺了点什么。现代社会的发展模式仿佛将人们笼罩在某种压抑的气氛中，在某个位置上，你必须有用，你必须成为某种功能性的存在。

那些曾经深藏在我们内心，不能用社会地位、金钱和效率来衡量的神秘而伟大的东西，好像完全消失了。而李白终其一生，都没有丢掉这些宝贝——天然的纯粹、不老的情感。他是自带光芒的星辰，天空中扶摇直上的大鹏，天地间自然伸展的巨树，山腰里纵身一跃的瀑布，海洋里击水翻波的大鱼……

我们热切追求的，他似乎都不太在意。李白生命的价值和意义，似乎一直受到一种伟大的牵引，一种神秘的启示。他一生都在坚守他所珍视的价值观，他从不愿放弃自己最珍贵的那部分。那是什么呢?

那就是——自由！李白这一生，热爱自由超过了他的生命，他的一切。他为自由而生，为浪漫而歌！

他的心灵，从来不受束缚；他的身体，从来不受拘束。他行万里路，交八方友，饮千杯酒，读万卷书；他从来没有想过老老实实做个官，做点学问，实实在在做一个好丈夫、好父亲，本本分分地过个小日子。

那是一个天才才会有的生命状态，如果没有这样的一种生命状态，而是处处为生存隐忍，向世俗低头，为秩序让路，向规则敬礼，他怎么可能是李白？所以，只有他才能写出那极致的浪漫。

李白掌控住了自己的命运吗？从某种程度上来说，他没有。他也曾想在政坛上施展拳脚，所以，他才会去拜谒玉真公主，才会跟着道士朋友去面见唐明皇，才会在永王李璘派人请他时，欣然下庐山。可是，他终究不是个做官的料！他几经努力，都以失败告终。

但这些经历，最终让他释怀，那个看上去光鲜无比的位置，坐上去之后，真的会给他带来内心的欢喜吗？

不会！那个位置，反而会在他的翅膀上绑上黄金，让他再也无法展翅高飞，恣意浪漫。

他这一生，只为诗来。

中国人缺乏想象力吗？从不。看看李白的诗，那是千年之前中国人就有的雄奇想象。

爱因斯坦说：“想象力比知识更重要，因为知识是有限的，而想象力概括着世界上的一切，推动着进步，并且是知识进化的源泉。”可是，没有自由的空间，人类想象力的源泉就会有枯竭的危险。

从这个角度来说，李白一生都在为保护他的想象力而奋斗。他小心翼翼地呵护着它，就像呵护着无价的珠宝，无双的玉璧！

所以，他保住了自己的自由，进而保住了自己珍贵的想象力。他从来没有被耳提面命：“要夹着尾巴做人，甩开膀子干活！”“不要强出头，枪打出头鸟！”“木秀于林，风必摧之！”

所以，他的诗歌才不矫揉造作，更不需冥思苦想，那是从他生命里汩汩流淌出的、永不枯竭的浪漫仙泉。

直到今天，他的诗歌还袅袅冒着仙气！那是他本真灵魂的气质，是他自由生命的气息，是他想象力的伟大歌唱！

天赋，既是造物主对一个人生命的偏爱，也是对他的诅咒。

李白一生爱酒。酒逢知己千杯少，借助酒，他交到了许多至情至性的朋友，杜甫、孟浩然、汪伦、元丹丘、贺知章、王昌龄……他们彼此心仪，灵犀相通，他们豪酒狂诗，乐在其中，他们照亮和温暖了彼此的生命。

酒也是李白灵感的药引。杯酒入热肠，他的灵感就如同泉涌般，呼啸而来。“天若不爱酒，酒星不在天。地若不爱酒，地应无酒泉。”“古来圣贤皆寂寞，惟有饮者留其名。”“呼儿将出换美酒，与尔同销万古愁。”“兰陵美酒郁金香，玉碗盛来琥珀光。”那些酒后写下的诗句，让贺知章惊呼：“此天上谪仙人也！”

然而，酗酒也让李白失去了很多。因为酒，他从来不是一个称职的丈夫，“三百六十日，日日醉如泥。虽为李白妇，何异太常妻”。他也不是一位称职的父亲，他从来没有好好教导过他的儿子伯禽、颇黎和女儿平阳，更没有让他们过上安定富足的生活。因为酒，他从来没有一个本分臣子的样子。他沉醉在金殿之上，让高力士脱靴，让杨贵妃磨墨，最后落得个赐金放还的下场。因为酒，他还失去了健康。由于饮酒过度，他得了胸疾，最后逝于安徽当涂。

酒成就了他，也毁灭了他。可是，他是一个诗家，他正在攀爬人类浪漫主义文学的最高峰。灵感，那天才的女神，并不是步履优雅地向他走去，而总是像空中的鸟儿那样飞过。她溜得极快，只一转瞬，她就消失得无影无踪。如果能够通过酒，直抵灵感女神的心房，紧紧抓住她的芳心，那么，李白心甘情愿嗜酒一生。

这就是李白，作为一位天才诗者，他宁愿失去大好的前程，失去温馨的家庭，失去健康的身体，也不愿失去他的灵感，那才是他的命。没有灵感，才真的会要了他的命！

李白从来没有面具，没有伪装，对于一个人来说，这好比赤身裸体地在原始丛林里冒险。在唐王朝恢宏、繁华、大气的盛装之下，是等级森严、明哲保身、勾心斗角、血腥残忍。李白不懂算计，没有城府，官场哲学，他一窍不通，能够被赐金放还，已经是够幸运的了。对于一个帝王来说，天下英雄要么尽入瓮中，要么亲手毁掉，以免为他人所用。以李白这样的至情至性、放荡不羁，他的头，其实不够砍。

朝廷终究还是怜惜他，既没有用他，也没有杀他，而是放了他，放他归了大海，归了原野，归了山林——因为他本来就属于天地，从来没有属于过朝堂。

李白，最终不负此生！他一跃而上，成功登顶中国古典文学的最高峰。他立于浪漫之巅，与杜甫（诗圣）共同定义了唐诗的黄金时代。他为浪漫主义文学开疆拓土，大大延展了中国古典文学想象力的边界。他也大大强化了中国人浪漫的基因，并在庄子、屈原之后，为中华文明再次注入那抹玫瑰色的浪漫。

诗无邪，心无涯！思无域，行无疆！今天，李白传递给我们的，不仅是一种文学之美，更是这样一种信念！

信念不老，浪漫长青！

目录

01

少年如谜

因为有了诗，人类才有了灵魂的居所和精神的家园。

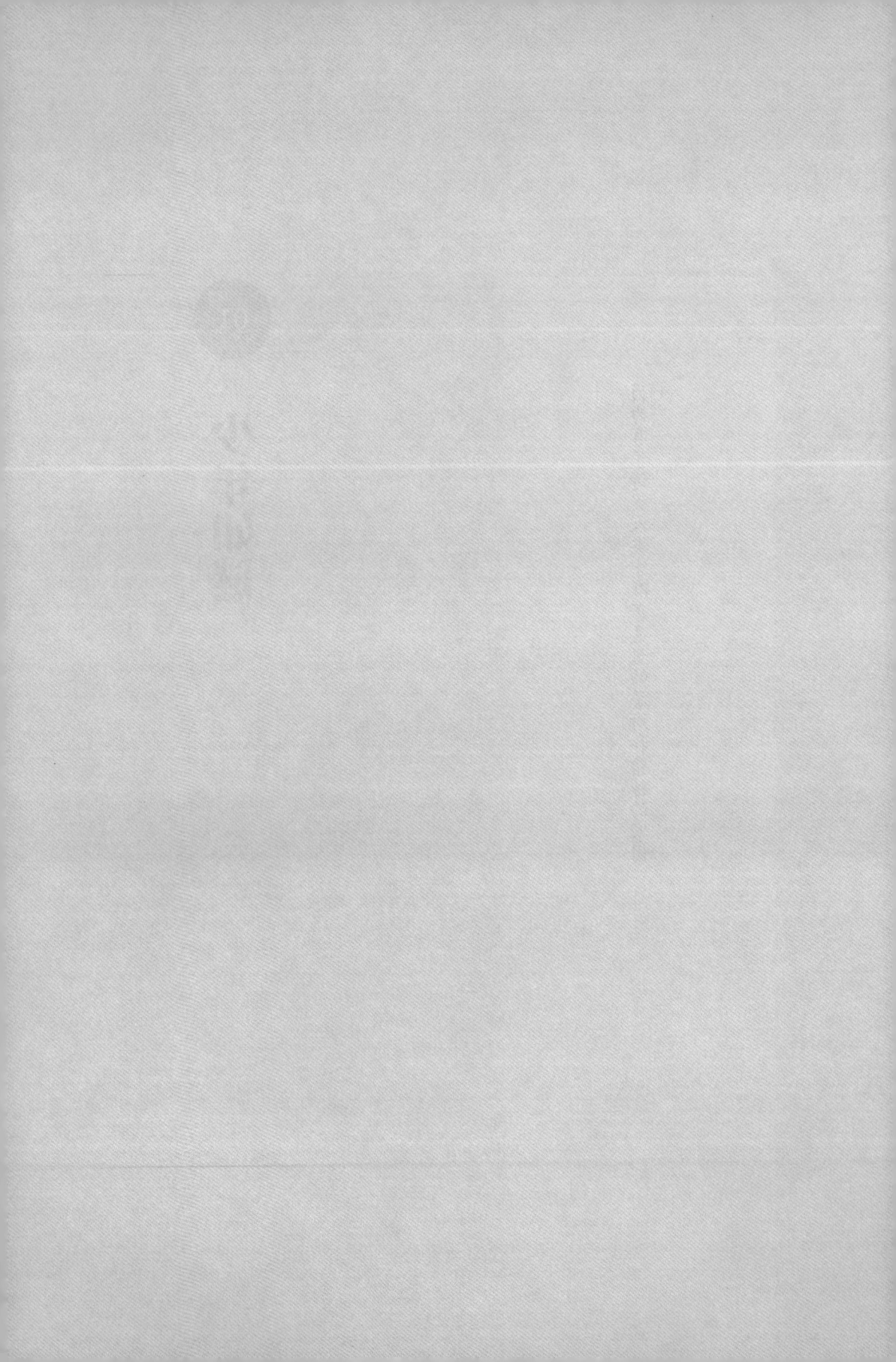

诗的国度

一位诗人曾这样定义诗，他说，诗是灵感一闪、电光石火间的产物，诗能引发心与心的交流与共鸣，诗是生命光华的映射与绽放。

是的，因为有了诗，人类才有了灵魂的居所和精神的家园。

中国，诗歌的国度！

《诗经》，中国诗歌的源头，它散发着原始、质朴、热烈的气息，搭建起中国人灵魂居所的最初样貌。从此，中国人的生命被诗照亮。中国人在诗歌的花园里细心耕种，精心培育。《楚辞》开出第一枝浪漫之花，汉乐府《孔雀东南飞》则充满生活的气息，东晋陶渊明奉上的是清新恬淡的那一枝，南北朝的枝头上则同时盛开着朴素与华丽。

诗歌的花园越来越繁盛，在《诗经》问世 1500 多年之后，诗歌的花园迎来了它的黄金时代。

公元 8 世纪，一位来自四川青莲的年轻人，走进了诗歌的花园。他扛着花锄，在花园里望了望，径直来到花园中心最肥沃的一块土地上。在那个诗

《陶渊明诗意图册》第四开　清　石涛

人辈出、群星闪耀的时代，他以无拘无束的生命为画笔，以天马行空的想象为颜料，精心打理自己的诗歌花园，培育争奇斗艳、绚烂无比的珍稀品种，描绘出一幅最恣肆、最绚烂、最浓重的关于诗的盛世画卷！

盛世与诗

公元 8 世纪，世界的中心在中国，中国的中心在长安。

一向下笔沉郁的杜甫，描绘起那时的家与国，文字里都跳动着对国力强盛、生活富足的喜悦：“忆昔开元全盛日，小邑犹藏万家室。稻米流脂粟米白，公私仓廪俱丰实。”（杜甫《忆昔》）在李白的心中，此时的大唐王朝，俨然全世界当之无愧的超级大国。“镇八荒，通九垓。四门启兮万国来。考休征兮进贤才。”（《明堂赋》）

诗人的描绘并不夸张。公元 8 世纪上半叶，中国在一代英主唐玄宗的统治下，走向历史的巅峰，政治、经济、军事、文化都展现出一个王朝的巨大声威与魅力。

政治上，开元时期，唐王朝贤臣辈出，姚崇、宋璟、张说、张九龄，能力、品德都首屈一指。君臣一心，为开元盛世营造了良好的政治环境。

经济上，根据《通典》的记载，唐玄宗天宝十三载（754 年）全国户籍人口共约 5288 万人。而

《明皇会棋图》 五代 周文矩

根据今天学者们的测算，当时唐朝全国实际人口应该超过了 7000 万，耕地约 6.6 亿亩，人均耕地面积超过 9 亩。

军事上，唐玄宗起用王忠嗣、高仙芝等一批良将，大胆改革府兵制，实行募兵制，大大提高了军队的专业化水平，捍卫了大唐西到葱岭、东到大海的辽阔疆域。

文化上，开元时期的唐王朝更是熠熠生辉。国

际上，到唐朝朝贡的藩国有 70 多个。唐玄宗不仅是一位励精图治的君王，在文学、诗歌、书法、音律方面，他也都有着极高的天赋。在他的大力倡导下，国家图书馆的藏书达到了史无前例的 53915 卷。他下令，天下州县，每乡都要设置学校，教授学生。上至皇帝，下到百姓，整个社会崇尚风雅，爱好文艺。再加上科举制度到此时已经成熟但并未僵化，科举考试以诗取士的标准，让吟诗作对成为开元时期从

《蛮夷执贡图》　唐　周昉

宫廷到民间最时髦、最高雅、最流行的风尚。

李白就这样和盛世相遇！只有盛世的沃土，才会长出如此神秘、如此奇特、如此具有灵性的花朵！他一出现，就注定要成为盛世华章里最为璀璨的那道光！

谜之身世

长安元年（701年），李白出生在西域的碎叶城。碎叶城是中国历代王朝设置在西部最远的一个军事重镇，也是古代丝绸之路的一个节点城市，位于今天吉尔吉斯斯坦托克马克市附近。

李白的身世一直是个谜，在那个讲究出身、血统的年代，李白没有写下任何自传来介绍自己的家世。他只在一些诗文里偶然提及。他在《赠张相镐二首》中写下“本家陇西人，先为汉边将。功略盖天地，名飞青云上。苦战竟不侯，当年颇惆怅”，也在《上安州裴长史书》中提起“白本家金陵，世为右姓，遭沮渠蒙逊难，奔流咸秦，因官寓家”。

在向别人推销自己的时候，李白自称是陇西成纪人，是凉武昭王李暠的九世孙，而唐王朝皇帝们的祖先也是凉武昭王李暠。李白祖上为避兵祸，迁徙到了碎叶城，在他5岁时，父亲带他来到剑南道绵州昌隆青廉（今四川江油青莲）定居。

后来，不论是在李白族叔李阳冰为其诗文集作的序中，还是在李白去世55年后范传正所题的《唐

《历代名人图像册·李太白》　清　佚名

左拾遗翰林学士李公新墓碑并序》中，都尊重了李白的这一说法。

李白在家中排行十二。他的父亲也是个谜，名字不详，身份不详，只在《唐左拾遗翰林学士李公新墓碑并序》中，有这样几句：“父客，以逋其邑，遂以客为名。高卧云林，不求禄仕。”李白的父亲为了避仇逃到了四川，在这个地方隐居。大家都不知道他的名讳，只用“李客”来称呼他。

也许李客是一位商人，因为他既非贵族，又非官员，四处迁徙，还同时养着一大家人。他的家境必定十分殷实，在当时只有经商才可能拥有这样的家庭条件。

李白的母亲，就更是一个无解之谜。在范传正的《唐左拾遗翰林学士李公新墓碑并序》中提道：“公之生也，先府君指天枝以复姓，先夫人梦长庚而告祥，名之与字，咸所取象。”文中提到了李白名字的来历，说是他的母亲怀孕时梦见了长庚星，长庚就是金星，古代称太白金星。关于母亲，李白从来没有写过任何纪念或怀念的诗文。李白的母亲生下了他，就仿佛一个完成使命的隐士，从此湮没在了茫茫人海里，人间也好，历史也罢，再也寻不到她半点踪迹。

李白的家庭看上去十分普通，但这个原生家庭给予了他三样十分宝贵的东西。

第一样，对自由的态度。李客对世俗的功名利禄，从来没有表现出强烈的兴趣，在青莲小镇，他自由且舒适地过着与世无争的生活，这样的生活态度对年幼的李白无疑产生了积极的影响。李白的一生，从来没有展现对权力、地位、财富的痴迷和贪恋。他有理想，他的理想是干一番大事业，但是，他一生洒脱而超然，从不受环境的束缚。也许，从父亲这里，年幼的他早就得到了身心自由的启示。

第二样，精心的栽培。李白的父亲文学修养深厚，并深深影响了李白。李白从小就展现出过人的天资，李客显然发现了李白的天赋，于是竭尽所能为李白创造读书条件。在《上安州裴长史书》中，李白曾回忆：“五岁诵六甲，

《村童闹学图》　明　仇英（传）

十岁观百家，轩辕以来，颇得闻矣。常横经籍书，制作不倦……”六甲是唐朝的启蒙读物，他像出身于书香门第的子弟一样，从小得以接触先秦诸子百家的文化典籍，并在学习中展现出极高的天赋。李客遵循着李白的兴趣，为了让他静心读书，李客将年幼的李白先后送到离家数十里的大、小匡山上求学。

关于李白读书，还有一个家喻户晓的故事——“只要功夫深，铁杵磨成针”。相传，在李白读书遇到困难想放弃的时候，有一天，他在小溪旁遇到了一位正在磨铁棒的老婆婆。他问老人为何要磨铁棒，老婆婆回答道：“要做针。”这给了李白很大

《蜀川胜概图》（局部）　北宋　李公麟

的启发，认为凡事只有持之以恒，最终才会有所成，后来他便回去用功读书了。

第三样，雄厚的心理资本。李白永远是自己的一束光，照亮自己人生的道路；他有一颗永远不老的心，他的诗里永远跳动着滚烫的青春；他永远燃烧着一堆火，温暖自己的旅程。而这些，在今天，我们称之为心理资本。一个人的心理资本越是雄厚，他越是能够以一种昂扬向上的姿态过好这一生，无论外界有多少否定、多少打击、多少批评，都不能从根本上改变他的生命态度。这雄厚的心理资本，有很大一部分来自童年时期家庭氛围对李白的熏陶和滋养。

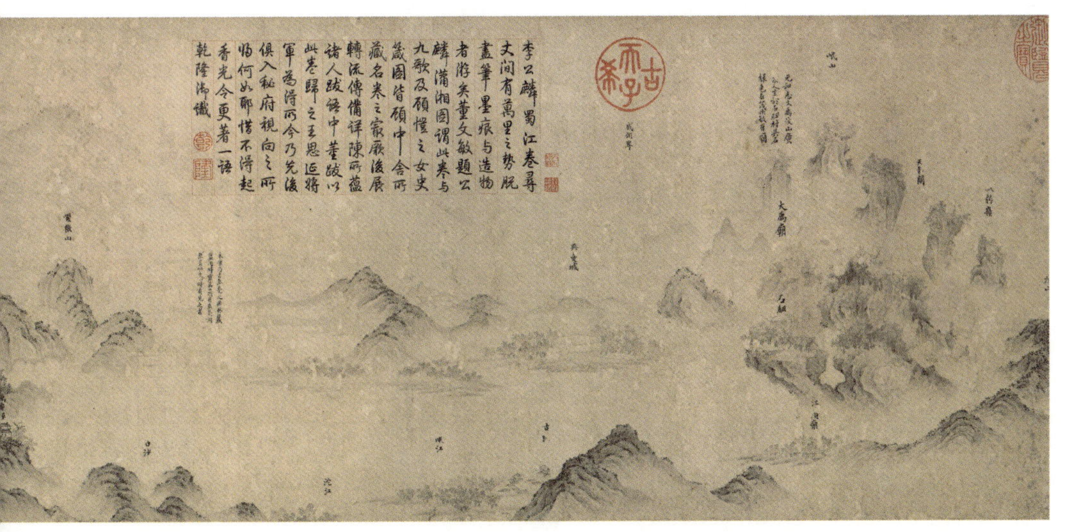

开元元年（713 年），一个崭新的时代降临。29 岁的李隆基正式成为唐王朝的主人，他踌躇满志、雄才大略，将一手开创锦天绣地的盛世华章。此时的李白，已经长成风度翩翩的少年。这一年他 13 岁，却已经像春天即将解冻的河流一样隐隐躁动着，积蓄着力量。

李白的家乡，巴山蜀水自古以来秀丽奇绝，道教在这里十分兴盛。距离李白家乡不远的青城山、峨眉山等地，都是道教的道场。李白家乡的紫云山，大、小匡山，也分布着大大小小的道观。和别的朝代不同，在唐朝，想成为道士，需要经过国家的审查和考试。因此，道士的素质和社会地位都很高。到了玄宗时代，这种对道教和道士的尊崇达到了顶峰。

年少的李白不知不觉被道教的神秘、伟大和清净吸引。15 岁时，他已经开始作一些诗赋，在当地小有名气。这时的他，带着对成仙的憧憬，开始走出青莲，寻访山的深处，云的深处。

一段关于少年的奇幻旅程，就此展开。

02

剑气如虹

他是山间汩汩流淌的溪水，怀着清澈的心，步履轻盈地走出山谷。

寻仙学道

唐朝封道教为国教，唐玄宗时期，道教在巴蜀大地的发展正值顶峰。在环境熏陶下，15 岁的李白对寻仙问道产生了浓厚的兴趣，在《感兴八首》中，他写道："十五游神仙，仙游未曾歇。"少年时期开始，他就踏上了遍访名山大川的漫漫旅途。

在大匡山大明寺读书期间，李白曾兴致勃勃去山中寻访道士，并留下了早期的诗作之一——《访戴天山道士不遇》，当时他还不满 20 岁。

犬吠水声中，桃花带露浓。
树深时见鹿，溪午不闻钟。
野竹分青霭，飞泉挂碧峰。
无人知所去，愁倚两三松。

——唐　李白《访戴天山道士不遇》

这是他寻仙之旅的浪漫起点，戴天山就是大匡山。他用诗的形式，记录下自己寻访道士的一次经历。那时正是春天，盛开的桃花带着露珠，他一路循着

《画唐人诗意册·李白访戴天山道士不遇诗》 明 李流芳

溪水来到山的深处，看到野竹、飞泉、碧峰、野鹿。虽然没有见到道士，但这是一次愉快的旅行，大自然生机处处，清新而富有野趣，让李白不知不觉沉醉其中。

四川峨眉山，东临岷江，北依青衣江，南眺大渡河，尽享山川形胜。西晋张华在《博物志》中盛赞此山："观此山如初月……真如螓首蛾眉，细而长，美而艳也。"这正是峨眉山名字的由来。

峨眉山在唐朝是一座道教名山，被誉为天下第七洞天——“虚灵洞天”，道教创始人张道陵天师为此还著有《峨眉山灵异记》一书。

年轻的李白第一次登上峨眉山。在他心中，峨眉山是巴蜀众多仙山中最神秘、最雄秀的。他难以抑制内心的激动，一路攀登，一路欣赏，感受山势起伏、景致变幻、气象万千。山色豁然开朗，顿见缤纷如画，他觉得这里就是人间仙境，于是写下第一首游仙登览诗：

蜀国多仙山，峨眉邈难匹。
周流试登览，绝怪安可悉？
青冥倚天开，彩错疑画出。
泠然紫霞赏，果得锦囊术。
云间吟琼箫，石上弄宝瑟。
平生有微尚，欢笑自此毕。
烟容如在颜，尘累忽相失。
倘逢骑羊子，携手凌白日。

——唐　李白《登峨眉山》

《八十七神仙卷》　唐　吴道子（传）

在与大自然的亲密接触中，在心灵的净化、感情的升华中，李白诗情迸发，他那夸张、浪漫、雄奇的性格赋予了诗歌同样的品格。从年轻的时候开始，游历，就成为李白生命中不可或缺的一部分。那雄伟壮美的名山大川，那绚丽多彩的自然景物，那变幻莫测的风雨雷电，不断开拓他诗歌的境界，丰富他诗歌的体裁，赋予他诗歌的瑰丽！

渴望成仙的李白在峨眉山结识了著名的隐士元丹丘。元丹丘原名不可考，少年时期拜入道教大派——上清派，师从大师胡紫阳，师父为他取名“丹丘子”。

李白与元丹丘一见如故，两人均性格豪爽，对修仙问道又同样痴迷，很快就成为无话不谈的好友。

在往后的岁月中，元丹丘不但是李白的挚友，还会改写他的命运，为李白的入仕发挥关键的作用。

剑客李白

李白少年时，曾反复阅读司马迁的《史记·游侠列传》，对游侠的精神心生向往："今游侠，其行虽不轨于正义，然其言必信，其行必果，已诺必诚，不爱其躯，赴士之厄困。"司马迁说，行侠仗义虽然不符合法律，但游侠们言必信，行必果，看重自己的承诺，不惜牺牲自己的生命去帮助别人，救人于危难之中。这不就是李白内心深处一直渴望的生活吗？仗剑天涯，快意恩仇，行侠仗义，不问生死。

于是，15岁的李白拿起了龙泉宝剑，父亲李客是他的第一任剑术老师。李白在《结客少年场行》中说自己"少年学剑术，凌轹白猿公"，认为自己的剑术凌厉无比，可以和传授越女剑法的白猿相比。后来，他还奔赴山东，向一代剑圣裴旻拜师学艺，练就了高超的剑术。

在日复一日的勤学苦练中，李白练就了独特的性格和气质。他一生将剑视为生命的一部分，剑是他精神的外化。他留下的有关剑的诗句，达到了一百多首，最有名的就是那首《侠客行》：

赵客缦胡缨，吴钩霜雪明。
银鞍照白马，飒沓如流星。
十步杀一人，千里不留行。
事了拂衣去，深藏身与名。
闲过信陵饮，脱剑膝前横。
将炙啖朱亥，持觞劝侯嬴。
三杯吐然诺，五岳倒为轻。
眼花耳热后，意气素霓生。
救赵挥金槌，邯郸先震惊。
千秋二壮士，烜赫大梁城。
纵死侠骨香，不惭世上英。
谁能书阁下，白首《太玄经》？

——唐　李白《侠客行》

诗名“侠客行”中的“行”不是行走的意思，而是歌行体的行，这是一种诗歌的体裁。谁能想到，这首剑气呼啸、热血奔涌的诗是李白 43 岁时写的。他把自己想象成一位骑着白马、握着宝剑的英雄。这首诗行云流水、英气逼人，特别是“十步杀一人，千里不留行。事了拂衣去，深藏身与名”，具有极强的画面感，把侠客那种干净利落、侠骨豪情、洒脱飘逸写得出神入化。

李白一生爱剑，一把宝剑，不仅寄托了李白的侠义精神、英雄情结，更直指他的人生抱负。他希望有一天自己能成为一位镇守边关、屡建奇功的将军，安社稷，固边防，令敌人闻风丧胆，威震四方。“将欲倚剑天外，挂弓扶桑。浮四海，横八荒。”（《代寿山答孟少府移文书》）“别时提剑救边去，遗此虎文金鞞靫。”（《北风行》）“愿将腰下剑，直为斩楼兰。”（《塞下曲六首·其一》）

左手为文，右手为武，文明其精神，野蛮其体魄。生活在遥远大唐的少年李白，无意中以一种最好的方式得到了成长。也许，这正是盛世大唐的自信、开明、开放在李白身上投射的时代之光！

青云之志

读万卷书，行万里路。十八九岁的李白，在梓州拜著名学者赵蕤（约659—742）为师，向他学习纵横之术。

赵蕤绝非等闲之辈，他号东严子，梓州盐亭（今四川盐亭）人，与李白并称“蜀中二杰”。他在隐居期间博览群书，著书立说，著有巨著《长短经》，全书约19万字，引用先秦至唐的各种典籍上百种，融合诸子百家之长，深刻阐明安邦定国、经世济民的思想，更突出了权谋政治和知人善任两大重点，是难得的谋略全书。唐玄宗曾多次征召他入朝为官，都被他婉言谢绝。

李白心甘情愿拜在赵蕤门下，向他学习纵横之术。赵蕤对这个天资聪颖的学生也十分赏识，毫无保留地将《长短经》传授于他。赵蕤不仅学贯古今，生活上也极其有趣，李白曾在《上安州裴长史书》中回忆他与恩师共同豢养珍禽的日子：“昔与逸人东严子隐于岷山之阳，白巢居数年，不迹城市，养奇禽千计，呼皆就掌取食，了无惊猜。”在岷山，李白和东严子饲养了上千只珍奇的鸟儿，鸟儿呼之即来，挥之即去，听到呼唤就会飞到阶前，甚至在人的掌心里从容啄食谷粒，毫不害怕与猜疑。

“广汉太守闻而异之，诣庐亲睹，因举二人以有道，并不起。此则白养高忘机不屈之迹也。”这件奇事被乡人争相传诵，不久被广汉太守知道了。他亲自前往山中查看，认为他们二人有高超的道术，想推荐他们去参加道科的考试，被他们婉言谢绝了。

走进《长短经》里的大人物，有春秋第一宰相管仲，“谋圣”张良，鞠躬尽瘁、死而后已的诸葛亮，排难解疑、高持大义的鲁仲连……他们的故事深深刻进了李白的脑海。他敬仰他们，羡慕他们，更想成为他们。于是，在跟着恩师学习一年多之后，李白辞别了赵蕤。

怎样实现自己的雄心壮志？李白决定不像普通学子那样参加科举考试，而是另辟蹊径。

唐代选官以科举为主流，同时并行荐举制度。科举之外，还有荐举，即由五品以上的官吏直接向朝廷推荐人才。于是，李白走上了干谒的道路，即为了谋取功名而拜见官员。

《诸葛亮像》　元　赵孟頫

在成都，李白谒见了益州大都督府长史苏颋。苏颋为开元时期朝廷重臣，袭封许国公，当过宰相，是当时的文章巨擘，与开元名相燕国公张说齐名，世人将苏颋、张说并称为“燕许大手笔”。

这是李白第一次谒见高官，他精心准备诗文呈见。苏颋亲自接见了他，认真阅读了他的文章。苏颋对这位器宇轩昂、意气风发的青年称赞有加，点评他的文章文采可观，洋洋洒洒，若多加磨炼必可和一代文豪司马相如比肩。

这次谒见给了李白很大的鼓舞，他在《上安州裴长史书》中记录下了这件事：“又前礼部尚书苏公出为益州长史，白于路中投刺，待以布衣之礼，因谓群寮曰：‘此子天才英丽，下笔不休，虽风力未成，且见专车之骨。若广之以学，可以相如比肩也。’”

尽管苏颋对李白称赞有加，但他最终并没有向朝廷举荐李白。碰壁，成为李白干谒之路的常态。

见过苏颋后，李白又奔赴渝州，他想谒见渝州刺史——当时的文坛泰斗李邕。李邕家学渊源，学识不凡，擅长书法，而且仗义疏财，好结交天下名士。这次谒见，李白希望能得到李邕的垂青。

谁知，这次李白连李邕的面都没能见上。据说，李邕对李白呈上的诗文并不感兴趣，认为其诗赋才能不足。

年轻气盛的李白哪里受得了这样的冷遇，他一时兴起，挥毫写下《上李邕》，毫不客气地对李邕的怠慢予以还击。全诗气势磅礴，充满了初生牛犊不怕虎的锐气。

大鹏一日同风起，扶摇直上九万里。
假令风歇时下来，犹能簸却沧溟水。
时人见我恒殊调，见余大言皆冷笑。
宣父犹能畏后生，丈夫未可轻年少。

——唐　李白《上李邕》

面对垄断举荐资源的高官大佬，李白像泉水一般清澈见底，毫不掩饰自己的张扬和自负。他把自己比作大鹏，能扶摇直上九万里，即使不借助风力，单靠翅膀也能一下子扇开沧溟之水。

这就是李白！他根本不把干谒碰壁这件事放在心上。在他看来，苏颋、李邕并不能真正识他、懂他。

《麓山寺碑》精拓本　唐　李邕

他还年轻，他还可以遍访诸侯，历抵卿相。他坚信，假以时日，他一定可以名动天下，平步青云。

观奇书，寻神仙，学剑术，拜名师，谒贵人。诗、书、剑、道、儒，李白用一块块底蕴深厚的拼图拼接成自己的青春岁月。这些事物和经历，有的滋养心灵，有的强健体格，有的开阔眼界，有的磨砺心性，为他的一生填充上饱满丰富的色彩。

该出发了，向着远方！他化身为山间汩汩流淌的溪水，怀着清澈的心，步履轻盈地走出巴蜀的灵山秀水。他渴望高山峡谷、惊涛拍岸、星河灿烂，他渴望生命如大鹏般舒展，似彩虹般绚烂。于是，他带着本心和初念，踏着生命的节拍，去奔赴自己的命运。

03

江山如画

旅行，是对于未来的狂想，是打开新世界的一种方式。

挥别故乡

“以为士生则桑弧蓬矢，射乎四方，故知大丈夫必有四方之志。乃仗剑去国，辞亲远游。南穷苍梧，东涉溟海。”（《上安州裴长史书》）

开元十二年（724 年），李白 24 岁，他雄姿英发，带着心爱的宝剑，离开家乡四川。

唐王朝的建立，打破了世族豪门垄断政权的局面，文人若想要入仕，最主要的途径是科举。除此之外，他们也可以北走幽燕辽海，西出玉门阳关，投身幕府，建立功业，从而获得推荐提拔。这都需要背井离乡，出门漫游。而且唐代的科举考试不像宋代那样糊名，而是采取实名制。因此，文人士子在参加科考前如果能够名声大振，成为天下名士，将大大增加考中的机会。

正是因为如此，唐代形成了最具特色的文人漫游文化，这和宋朝以后文人“十年寒窗无人问”的“书斋—考场—官场”的人生进阶之路存在明显差异。在社会风潮影响下，渴望在仕途上建功立业、一飞冲天的李白，被一股强大的力量推动着走出个人狭小的天地，走向广阔的大千世界。

出川前，他重游了益州、峨眉山，游览了巴南、巴中等地。然后，他从清溪上船，东下渝州，出长江三峡，一路直奔湖北荆门。这是一次近乎决绝的出走，这次挥别家乡后，他一生再未回到家乡。

在离开家乡的那个夜晚，李白站立船头，回头凝望着巍峨耸立的峨眉山。山色朦胧，月色清朗，江水泛着银光，迤逦向东，绵延千里。他即将告别养育他的故乡，不知要随着命运的河流流向何方。年轻的诗人思绪万千，心中涌动着几分轻快，夹杂着几分神伤。这个夜晚，是他人生新征程的起点，未来充满着未知，在复杂的心绪中，诗人写下灵动悠扬的《峨眉山月歌》：

峨眉山月半轮秋，影入平羌江水流。
夜发清溪向三峡，思君不见下渝州。

——唐　李白《峨眉山月歌》

《松溪泛月图》 南宋 夏圭

对于李白来说，旅行是对未来的狂想，是打开新世界的一种方式，是精神的流动、抱负的实现、诗意的栖居。终其一生，他都将“在路上”，在追梦的路上，在狂想的路上，在诗歌的路上！

楚国山水

船从巴蜀遮天蔽日的夹岸高山中驶出，一过荆门山（在今湖北宜都西北、长江南岸）就豁然开朗，目光所到之处，一片平野。过了荆门山，就到了古代楚国的地界，从地理上来讲，蜀人李白要真正挥别故乡了！他看到了开阔的原野、奔腾的大江，看到了朦胧的月亮、缥缈的楚云。他的情绪突然有点激动，故乡人已远，故乡的山也已被他远远甩在了身后，只有这故乡水，依然默默陪伴着他一路远行。这个夜晚，诗人辗转难眠，他挥笔疾书，将思绪凝结成诗行：

渡远荆门外，来从楚国游。
山随平野尽，江入大荒流。
月下飞天镜，云生结海楼。
仍怜故乡水，万里送行舟。

——唐　李白《渡荆门送别》

过了荆门山后，李白行程的第一站是江陵（今湖北荆州）。江陵地处长江中游，是“七省通衢”的交通枢纽，唐代初期在此设立了大都督府。这里商旅众多，市井繁华，水运发达。李白在这里逗留了一些时日，其间，他谒见了一位大腕级的人物——司马承祯。

司马承祯是何许人也？他是道教上清派的第十二代宗师，自号白云子，人称白云先生。他才华横溢，博学多才，先后受到武则天、唐睿宗、唐玄宗三位皇帝的接见，是举国公认的道教领袖。除了在道教上的成就，他还精通琴棋书画，爱好结交文学人士，与陈子昂、卢藏用、宋之问、王适、毕构、李白、孟浩然、王维、贺知章合称为“仙宗十友”。

司马承祯此时已有80多岁，却鹤发童颜，仙风道骨。李白为了谒见他心中的偶像，精心准备了诗文。年轻的李白器宇轩昂，潇洒自如，目光炯炯，一看就气质出众，卓尔不群，给老道人留下了深刻的印象。司马承祯细细品读他的诗文，内心赞叹不已。他给予了李白极高的评价：“有仙风道骨，可与神游八极之表。”

司马承祯的称赞让李白激动不已，浮想联翩。

《千岩万壑图》 唐 王维

很显然，是李白的气质和才华吸引了司马承祯，这才有了如此高的评价。这让李白更加自信，他想起《神异经》里那只叫希有的大鸟，又想起《逍遥游》里所说的鲲鹏。他觉得，司马承祯就是希有鸟，而自己就是那只振翅九霄的鲲鹏。于是在之后的岁月里，他写下豪放飘逸的《大鹏赋》：“尔乃蹶厚地，揭太清。亘层霄，突重溟。激三千以崛起，向九万而迅征。背業太山之崔嵬，翼举长云之纵横。左回右旋，倏阴忽明。历汗漫以夭矫，羾阊阖之峥嵘。簸鸿蒙，扇雷霆。斗转而天动，山摇而海倾。怒无所搏，雄无所争。固可想象其势，仿佛其形。”在《大鹏赋》中，李白展现了他惊人的想象力和对文字的驾驭能力。大鹏鸟足踏大地，翱翔天空，横飞云霄，穿越大海，激荡起三千里的波涛，然后突然腾空而起，向着那九万里高空疾飞而去。高耸的脊背就像巍峨的大山，扇动的翅膀就像连绵的云。一会儿向左旋转，一会儿向右盘旋，顷刻之间消失了身影，眨眼之间又出现在天上。它以矫健的身姿穿越漫无边际的天空，飞经险峻的高山而到达天门。它向下俯冲，摇动大海云气；它扇动翅膀，传出震雷声声。星斗转

《岳阳楼图》　元　夏永

移而上天震动，高山摇晃而大海倾翻。它发怒的时候，没有谁敢和它搏击；它那称雄的气概，没有谁敢与它竞争。我们确实可以想象它那无与伦比的气势和举世无双的体貌。

李白的想象何其宏大，何其瑰丽。在他的笔下，大鹏神通广大，遨游天地，乘风破浪，气吞山河。当李白奋笔疾书的时候，他就变成了那只大鹏鸟，他拥有整个宇宙，自由如风，往来如电，气势如虹，无所不能。所以，《大鹏赋》当之无愧地被放在了《李太白全集》的第一篇。

到江陵拜访司马承祯的这次经历，更加坚定了李白对道教的追求和信念：“五岳寻仙不辞远，一生好入名山游。”（《庐山谣寄卢侍御虚舟》）

辞别司马承祯后，李白继续他的旅途。他和蜀中友人吴指南共同登岳阳楼，游洞庭湖。当他们游兴正浓时，吴指南突然身患重病。李白焦急万分，他为好友四处寻医问药，终没能救回病入膏肓的好友。两个相约要一起闯天下的挚友，旅途刚刚开始，却从此阴阳两隔。

在众人的帮助下，李白将吴指南埋葬于洞庭湖畔。从此只身一人，踏上了茫茫旅途。

开元十三年（725 年）秋，李白由长江东下，足迹遍布岳州、江州、剡中。他走走停停，各地的风土人情、名胜古迹、奇闻轶事，每一处的发现，都让他惊喜和兴奋。

《庐山高图》
明　沈周

也是在这一年，千年名山庐山终于等到了李白的到来。庐山，又名匡山、匡庐，它北枕长江，东接鄱阳湖，以雄、奇、险、秀闻名于世，有“匡庐奇秀甲天下”的美誉。李白一生中曾五次登临庐山。

第一次上庐山，李白就被眼前的景象所震撼：阳光照在香炉峰上，升腾起朦胧的紫烟，仿佛人间仙境；一条瀑布从天而降，仿佛银河落地。他抓住倏忽而至的灵感，为庐山写下闻名遐迩的一首诗：

日照香炉生紫烟，遥看瀑布挂前川。
飞流直下三千尺，疑是银河落九天。

——唐　李白《望庐山瀑布二首·其二》

挥别庐山的美景，李白继续顺江而下，他想去六朝古都金陵（今江苏南京）碰碰运气。

繁华东南

大自然如同乳母，源源不断地给李白提供诗歌创作灵感的乳汁。发现之旅中，年轻的诗人不知疲倦，不觉孤独，他永远瞪大眼睛，张开双臂，去拥抱大自然的丰厚馈赠。

船缓缓行驶在广阔的江面上，年轻的李白喜欢站立船头，迎着江风，看两岸景色如同电影蒙太奇般变幻，江水、云彩、青山、斜阳，他仿佛闯进了一幅流动着的山水画。当船行驶到天门山（今安徽芜湖北郊长江畔）时，眼前的壮阔景象一下俘获了诗人的眼睛。只见东、西梁山隔江对峙，仿佛天设的门户，江道至此变得狭窄，江水气势汹涌，打了一个大大的回旋，然后冲破天门浩荡而去。李白心生赞叹，这样的景象只有身临其境，才能深深体会。过了天门山，六朝古都金陵就不再遥不可及。李白又一次拿起笔，记录下这雄伟壮丽的时刻。

《江帆山市图》 宋 佚名

天门中断楚江开，
碧水东流至此回。
两岸青山相对出，
孤帆一片日边来。
——唐 李白《望天门山》

李白终于来到了金陵这个繁华的东南大都会。

金陵地处富裕的鱼米之乡，历来又是帝王之州，素有“钟山龙蟠，石头虎踞，帝王之宅也”的美誉。这里有喝不完的金陵美酒，逛不完的名胜古迹，看不够的市井风情，还有交不完的诗朋酒友。25 岁的李白一到这里，就深深爱上了这座城市。他一生曾四次造访金陵，足迹遍布钟山、凤凰台、白鹭洲、长干里……留下了众多诗歌。

《金陵五景图卷·秦淮渔唱》　清　樊沂

此刻，金陵已经张开了温柔的怀抱，欢迎这位才高八斗、挥金如土、狂放不羁的年轻人。

04

盛世如锦

他的诗，根本不是蓄谋已久，而是信手拈来！他的气质就藏在他的诗里！

金陵美酒

李白走进金陵城，他首先感受到这座城市历史的厚重。他登上凤凰台凭吊古迹，又来到长江边抚今追昔。初到金陵，李白憧憬在胸，壮志满怀，他相信自己在金陵一定会有好运气，能够遇到伯乐。所以，他的诗歌气势明快而宏大，如《登瓦官阁》：

晨登瓦官阁，极眺金陵城。
钟山对北户，淮水入南荣。
漫漫雨花落，嘈嘈天乐鸣。
两廊振法鼓，四角吟风筝。
杳出霄汉上，仰攀日月行。
山空霸气灭，地古寒阴生。
寥廓云海晚，苍茫宫观平。
门余阊阖字，楼识凤凰名。
雷作百山动，神扶万栱倾。
灵光何足贵，长此镇吴京。

——唐　李白《登瓦官阁》

太平盛世里，他登上江南名寺瓦官寺，远眺金陵城，看见了巍峨的钟山，浩荡的淮河水。当隆隆雷声响起时，只感觉万山震动，房屋欲倾。李白用近乎白描的手法，快速地捕捉住此情此景。他的诗，根本不是蓄谋已久，而是信手拈来！这首诗，一如既往地带着他的非凡气势和瑰丽想象，他的气质就藏在他的诗里。

在金陵城，李白如鱼得水。他豪掷千金，流连酒肆，广交朋友，大写诗词。很快，这个来自巴蜀，带着三分豪气、三分酒气、十分才气的年轻诗人开始在金陵城崭露头角。也许是金陵的美酒太香，从这时起，酒逐渐成为李白生活中不可缺少的一部分。

在金陵，李白不仅感受到了历史的厚重，更感受到了这里的烟火气和款款深情。长干里，位于秦淮河以南，是当时的繁华商业区，李白和朋友在这里喝酒、聊天、听曲、吟诗。一次偶然的机会，他认识了一位郁郁寡欢的年轻商妇，妇人向李白讲述了她的爱情故事。爱情，从来都是人类最美妙、最神奇的情感，而没有掺杂任何杂质的爱情，更如同水晶一般透明珍贵。于是，李白以小妇人的口吻，

《金陵胜迹图册》　清　石涛

记录下她那至纯至美的爱情，创作出了这首婉转清丽、独具匠心的诗歌：

妾发初覆额，折花门前剧。
郎骑竹马来，绕床弄青梅。
同居长干里，两小无嫌猜。
十四为君妇，羞颜未尝开。
低头向暗壁，千唤不一回。
十五始展眉，愿同尘与灰。
常存抱柱信，岂上望夫台。
十六君远行，瞿塘滟滪堆。
五月不可触，猿声天上哀。
门前迟行迹，一一生绿苔。
苔深不能扫，落叶秋风早。
八月蝴蝶来，双飞西园草。
感此伤妾心，坐愁红颜老。
早晚下三巴，预将书报家。
相迎不道远，直至长风沙。

——唐　李白《长干行二首·其一》

大半年的时光转瞬即逝，虽然李白在金陵城的名气越来越大，可是，仕途的大门依然对他紧闭。秋夜，沐浴着澄净的月光，他登上金陵城西北的孙楚楼，遥想起被排挤出金陵的南朝著名诗人谢朓（字玄晖），不禁感同身受。他们虽然相隔了二百多年的时光，可李白觉得，他和谢玄晖就是知音。多年后，他将自己的万千感受化作诗句：

金陵夜寂凉风发，独上高楼望吴越。
白云映水摇空城，白露垂珠滴秋月。
月下沉吟久不归，古来相接眼中稀。
解道澄江净如练，令人长忆谢玄晖。

——唐　李白《金陵城西楼月下吟》

此时，李白对动词的运用已经到了出神入化的地步，一个“摇”，一个“滴”，仿佛让我们看到了白云的变幻无穷，露珠的晶莹剔透。“白云映水摇空城，白露垂珠滴秋月”展现了一组动感十足、优美无比的镜头。

如梦般的繁华，如诗般的日子，如醉如痴的生活，其代价是李白日渐囊中羞涩，而他心中渴望的好运气始终没有降临。第二年春天，李白决定离开金陵。

离开那天，前来送行的朋友坐满了江头的酒肆。新结识的朋友，新酿的美酒，新梳妆的酒家娘子，新写成的诗篇，欣欣向荣的春天，这一切的一切，将李白的离情别绪一扫而光。他高举酒杯，一饮而尽，开怀大笑，仿佛这酒肆中的，不是一场离别，而是一场宴会。他写下诗作《金陵酒肆留别》：

风吹柳花满店香，吴姬压酒唤客尝。
金陵子弟来相送，欲行不行各尽觞。
请君试问东流水，别意与之谁短长？

——唐　李白《金陵酒肆留别》

带着三分醉意和些许惆怅，李白继续踏上他的逐梦之旅，旅途的下一站：广陵（今江苏扬州）。

广陵明月

广陵，是唐朝仅次于长安、洛阳的全国第三大城市。广陵地处长江和京杭大运河这两条一横一纵的交通大动脉的交汇处，是唐朝首屈一指的港口商贸城市，又是温暖富庶的鱼米之乡。得天独厚的地理优势，让这座城市熠熠生辉。曾有记载，盛唐时期的扬州店肆林立，商贾如云，酒楼舞榭，比比皆是。杜牧曾这样描写这座城市：“街垂千步柳，霞映两重城。”

开元十四年（726年），李白来到广陵。和在金陵时的呼朋唤友、好不热闹相比，李白在广陵的日子沉寂了许多，因为，他的钱花得差不多了；而且，他生病了。他向朋友老老实实地承认：“曩昔东游维扬，不逾一年，散金三十余万，有落魄公子，悉皆济之。”唐朝一斗粮食二三十钱，一斤猪肉五六百钱，三十万钱，绝对不是一个小数目。

李白平生第一次品尝到了贫困的滋味，因为没有钱住客栈，他差一点流落街头。所幸一个叫孟少府的县丞朋友倾囊相助，还为他寻医问药，这才让

《扬州四景图·万松叠翠》 清 袁耀

他安然度过人生中的这场危机。

一个夜晚，李白从梦中醒来，透过窗户，看见皓月当空，银辉满地。他大病初愈，身体还有些虚弱。他望着月亮出神，想起当年从故乡出发时，也是这轮明月默默为他送行。他该怎样告诉这轮月亮他此刻的心情？想着想着，一首《静夜思》不觉已成：

床前看月光，疑是地上霜。
举头望山月，低头思故乡。

——唐　李白《静夜思》

这首诗浑然天成，涌动着一位游子的真情，用最简单的语言，表达出了最真挚、最炽热的情感。李白诗的魔力，也许就在于此。

吴越风情

除了在金陵、广陵停留，李白还饱览吴越山水，探访名胜古迹。他曾从扬州乘船南下，沿运河入会稽（今浙江绍兴），经剡溪，上天姥山。他曾前往姑苏（今江苏苏州），登上姑苏台，远眺太湖水。他一路走，一路感受，一路写诗。他的诗绝不是在书斋里苦苦思索的产物，他诗歌创作的源泉，在船上，在高处，在江面上，在田野中，在宴饮中，在他热气腾腾的生活里。那些在我们看来稀松平常的场景，一经过他魔术般的手法，就会被赋予浪漫的色彩。

在《越女词五首·其二》中，他这样描绘越地的女子风情："吴儿多白皙，好为荡舟剧。卖眼掷春心，折花调行客。"

他用传神的笔触勾勒出年轻女子的娇羞："耶溪采莲女，见客棹歌回。笑入荷花去，佯羞不出来。"

他感叹一代霸主以悲剧收场，佳人也一去不复返，于是写下《西施》：

《西子浣纱图》　五代　佚名

西施越溪女，出自苎萝山。
秀色掩今古，荷花羞玉颜。
浣纱弄碧水，自与清波闲。
皓齿信难开，沉吟碧云间。
勾践征绝艳，扬蛾入吴关。
提携馆娃宫，杳渺讵可攀，
一破夫差国，千秋竟不还。

——唐　李白《西施》

走着走着，李白有些累了，他的仕途艰难而进展缓慢，他如同浮萍一般，无所依傍。在好友孟少府的推荐下，李白决定前往安陆（今湖北安陆）。孟少府对他说，那里有一段好姻缘在等着他，不但可以让他安定下来，而且可以成为他仕途的一块敲门砖。李白心动了，他想，他是该成个家了！

05

何以为家

爱李白，就意味着要不断地放手，不断地品尝既幸福又艰辛、既热闹又孤寂的滋味！

安陆往事

李白究竟是一个怎样的丈夫、怎样的父亲？他的世俗之爱，究竟是怎样的？当他在文学领域取得常人难以企及的成就时，是否就注定他在家庭生活中会留下缺憾？根据魏颢《李翰林集序》记载："白始娶于许，生一女，一男曰明月奴，女既嫁而卒。又合于刘，刘诀。次合于鲁一妇，生子曰颇黎。终娶于宗。"李白一生有四次婚姻，在这期间，他留下了一些有关妻子儿女的诗篇。这些诗篇，或有感而发，或情之所至，是我们打开李白情感世界的钥匙。他的感情生活、父亲身份，都从安陆这山清水秀的楚地一隅开始。

开元十五年（727 年）春，李白告别吴越之地，动身前往楚地安陆。前往安陆之前，他想起和诗人孟浩然曾经在扬州有过一面之缘，两人一见如故，于是他决定先去襄阳（今湖北襄阳）拜访。孟浩然比李白年长 12 岁，湖北襄阳人，其诗作清新自然，行云流水，形象传神。他曾长时间奔波于仕途，失意后便乐居山水，隐居在风景秀丽的鱼米之乡，生

《孟浩然诗意轴》
清　王翚

活恬淡质朴。

孟浩然热情接待了这位眉宇间透着英气、言谈中透着不凡的年轻朋友。他们喝茶饮酒，畅谈人生，切磋诗歌，几乎无话不谈。

告别孟浩然，李白来到安陆。他两手空空，走进名门望族许家的家门。许家世代簪缨，其曾祖许绍是唐高祖的同学，祖父许圉师为唐高宗时的宰相，父亲在唐中宗时期担任过员外郎，后来辞官还乡。许家有一个女儿，性格温淑，从小诗书浸染，颇有才气，曾立下宏愿要嫁个精通诗书、志向高远的英挺男儿。

在孟少府的书信撮合下，李白入赘许家，成为许家的女婿。婚后的生活安定富足，在外漂泊了三年之久的李白第一次感受到了家的温暖，夫人知书达理，对他关心体贴。为了让李白安心读书，夫妻二人搬到了距离许家数十里远的北寿山下。

不知不觉三年时间过去，李白一方面享受着妻子的温存美好，尽情畅游在许家家藏书籍的海洋中；另一方面又悸动不安，这小小的安陆，终究无法让他一展抱负。他的雄心壮志，无处安放。周围的亲友也开始对李白指指点点，说他虽然写得一手好诗文，却是一个轻浮纨绔、喜欢寻酒作乐的人。

不久，他收到孟少府从扬州寄来的信，大意说，这北寿山籍籍无名，根本不值得留恋，奉劝李白不要流连于此，应该早点出山，奔赴自己的前程。

李白反复看着孟少府的来信，内心泛起阵阵波澜。他从来不曾忘记初心，却苦于找不到出口。他爱自己的小家，爱温柔可人的妻子，可是，他更爱清风明月、星辰大海、寻仙问道、千秋功名。于是，他以《代寿山答孟少府移文书》再次向孟少府表达了自己的心迹："申管晏之谈，谋帝王之术，奋其智能，愿为辅弼。使寰区大定，海县清一，事君之道成，荣亲之义毕。然后与陶朱留侯，浮五湖，戏沧州。"

李白并没有让自己的抱负仅仅停留在给孟少府的回信上。他听说新任安州裴长史喜好招揽人才，于是他写下《上安州裴长史书》。在这封干谒信中，他历述平生，表露心迹，并在结尾毫不意外地彰显了自己一贯的风格：大人若是以礼相待，我必感激不尽；若是不待见我，我必挥手而去，西入长安。

我相信必有王公贵族为我敞开大门!

李白再次错了，他出生的年代早已不是英雄不问出处的战争年代，而是王朝最为强盛、最为富庶的和平时代。和平年代意味着什么？意味着秩序的建立，制度的森严，社会的有序。盛唐之时，从人才到物品，都早已不再稀缺。能够脱颖而出、一鸣惊人的幸运儿，实属凤毛麟角。

近十年的时间里，李白在安陆一直过着近乎隐姓埋名的生活，在此期间，他也曾西出长安，寻找机会，但最终都铩羽而归。回来后，他无所事事，只能靠酒来消解心中的郁闷。酒喝多了，每天醉醺醺的，他又觉得对不起妻子，还专门写了首小诗向妻子表示歉意：

三百六十日，日日醉如泥。

虽为李白妇，何异太常妻？

——唐　李白《赠内》

是的，嫁给李白，和他组建家庭，意味着要有极大的包容心。李白是个性情中人，才华横溢而又

《太白醉酒图》

清　苏六朋

放荡不羁。李白的诗曾深深打动许氏的心，她仰慕李白的才华，才决定嫁给他。这样的婚姻，从一开始就是不对等的，许氏永远是付出更多、等待更多、忍耐更多的那一方。

许氏先后为李白生下一儿一女，儿子大名叫伯禽，小名叫明月奴，女儿名叫平阳。这是李白一生中最恬淡，也最接近正常家庭生活的一段时光。他的诗可以印证：

问余何意栖碧山？笑而不答心自闲。
桃花流水窅然去，别有天地非人间。

——唐　李白《山中问答》

东鲁稚子

李白在安陆的生活只持续了十几年。开元二十八年（740 年），许氏因病离世，他作为入赘之婿，再寄人篱下必将遭人冷眼。于是，李白带着两个年幼的孩子离开安陆，先是将他们寄放在南陵，而后又让他们移居到兖州（今山东济宁）。

后来，李白又有两段短暂的婚史，但都不是正式的婚姻，只是同居的关系。一段是与一位刘姓女子同居；还有一段是与一位山东的女子同居，生下一子名为颇黎。与刘姓女子的同居生活并不让李白感到满意，刘姓女子没有许氏的善解人意，反而对李白颇有微词。她认为李白吟风弄月，四处游荡，是不务正业，为此常常对他冷嘲热讽，这一直让李白耿耿于怀。

但是对于自己的孩子，李白感觉到的是亏欠。许氏去世之后，年幼的孩子并没有跟着他过上好日子。李白经常一出门就是两三年，不是去寻仙问道，就是登山临水、四处干谒，两个孩子则是托付给与他同居的妇人。孩子们总是生活在物质匮乏、缺少关爱的环境中。李白错过了孩子们的成长，他无法为孩子们做什么，只能拿

《画闲看儿童捉柳花句意》
明　周臣

起笔，记录下一位父亲的思念。在《送杨燕之东鲁》诗中，我们看到一位因思念而落下热泪的父亲："我固侯门士，谬登圣主筵。一辞金华殿，蹭蹬长江边。二子鲁门东，别来已经年。因君此中去，不觉泪如泉。"

在《寄东鲁二稚子》中，我们看到一位温情脉脉、饱尝思念苦楚的父亲。一别三年，山水迢迢，杳无音信，孩子们不仅承受着思念父亲的痛苦，还要承受生活的困难。只要一想起孩子，李白就无法洒脱自在，孩子，是他最大的软肋。他怀着炽热的思念之情写下这首诗。在诗里，他仿佛穿越千山万水，乘着思念的翅膀来到孩子们的面前，他看到家乡的桃树长高了，孩子们也长大了！

吴地桑叶绿，吴蚕已三眠。
我家寄东鲁，谁种龟阴田？
春事已不及，江行复茫然。
南风吹归心，飞堕酒楼前。
楼东一株桃，枝叶拂青烟。
此树我所种，别来向三年。
桃今与楼齐，我行尚未旋。

娇女字平阳，折花倚桃边。
折花不见我，泪下如流泉。
小儿名伯禽，与姐亦齐肩。
双行桃树下，抚背复谁怜？
念此失次第，肝肠日忧煎。
裂素写远意，因之汶阳川。

——唐　李白《寄东鲁二稚子》

李白终究没能成为一个好父亲，尽管他也深爱自己的孩子，但他无法成为一棵参天大树，为孩子们遮风挡雨；无法成为一片温柔港湾，将孩子们轻拥入怀；无法成为一块肥沃土地，让孩子们尽情生长。他的女儿平阳在出嫁后不久因病过世。儿子伯禽十分普通，生活在当涂（今安徽当涂），育有一儿两女。儿子长大后不知所踪，两个女儿则嫁给了当涂当地的农民，成为农妇。

我们不需要为李白感到惋惜，他从来没有小心翼翼去经营自己的小家庭，他更不懂得该如何成为一个好父亲。这是李白的性格使然。人生一世，处处遗憾，谁又不是这样呢？

千金买壁

在经过三次感情生活后，李白遇到了一位深爱他的女子。她是李白的最后一任妻子，前宰相宗楚客的孙女宗氏。

那是天宝三载（744年），44岁的李白刚刚失意地离开帝都，带着极大的失落与彷徨开始了漫无目的地漫游。他行至宋州（今河南商丘）梁园，看到梁园遗迹，想起自己这几年在长安的经历，又联想到历史的兴衰更替，便在一座寺庙的白墙上即兴而作《梁园吟》：

我浮黄河去京阙，挂席欲进波连山。
天长水阔厌远涉，访古始及平台间。
平台为客忧思多，对酒遂作《梁园歌》。
却忆蓬池阮公咏，因吟渌水扬洪波。
洪波浩荡迷旧国，路远西归安可得？
人生达命岂暇愁？且饮美酒登高楼。
平头奴子摇大扇，五月不热疑清秋。

《梁园飞雪图》轴　清　袁江

玉盘杨梅为君设，吴盐如花皎白雪。
持盐把酒但饮之，莫学夷齐事高洁。
昔人豪贵信陵君，今人耕种信陵坟。
荒城虚照碧山月，古木尽入苍梧云。
梁王宫阙今安在？枚马先归不相待。
舞影歌声散渌池，空余汴水东流海。
沉吟此事泪满衣，黄金买醉未能归。
连呼五白行六博，分曹赌酒酣驰晖。
歌且谣，意方远。
东山高卧时起来，欲济苍生未应晚。

——唐　李白《梁园吟》

正是这首诗，为李白成就了一段姻缘。李白走后不久，寺庙的僧人想将此诗擦去，这时，正好有一位姑娘带着侍女路过，她驻足观看，细细品读，被这首诗的气势所征服。原来，这位姑娘是前宰相宗楚客的孙女，从小饱读诗书。为了留下这首诗，她一掷千金，让僧人不要擦去此诗。

就这样，宗家姑娘“千金买壁”的故事传到

了李白那里。李白十分感动，当即以《梁园吟》为聘礼上门提亲。宗家姑娘终于见到了心中爱慕的诗人，于是以那面白壁作为嫁妆，嫁给了李白。

婚后，李白与宗氏情投意合，他们夫妻恩爱，虽然聚少离多，但是两人感情深厚。今天，我们依然可以看到许多李白写给宗氏的诗："江山虽道阻，意合不为殊。"（《秋浦寄内》）"妾似井底桃，开花向谁笑？君如天上月，不肯一回照。"（《自代内赠》）"寄书道中叹，泪下不能缄。"（《秋浦感主人归燕寄内》）

纵观李白的一生，无论是做丈夫，还是做父亲，都不是那么合格。他很随性，而家庭需要一个男人的担当；他不事产业，而家庭需要稳定的经济来源；他真性情，而家庭需要一个人的坚忍；他诗酒一生，而家庭需要一个清醒的丈夫。但是他需要家庭，因为他是一个感情炽热如火的人。他需要有人知冷知热，嘘寒问暖，为他痴情守候，甚至对他欣赏崇拜；他需要有人为他打理生活的一切，可以让他不食人间烟火；他需要孩子奶声奶气地唤他父亲，在远方的家守望着他。对于家庭妻儿，他唯一的回报就是深情，除了深情，他一无所有。也许，对于李白的妻子来说，爱李白，就意味着要品尝既痛苦又幸福、既充满希望又总是失望的滋味。她要不断地放手，不断地在思念中等待，等待一位一生追逐诗酒和远方的男人，在夜色苍茫中出现在家门口的小路上！

06

仕途如棋

长安长安，那里是天使之眼，那里是地狱之门，
那里充满希望，那里满是绝望！

长安长安

去长安吧！那里是大唐王朝的心脏，它的每一次跳动，都会波及王朝的四面八方！

去长安吧！那里住着帝王将相，他们需要你金子般耀眼的才华，为天下谋安康！

去长安吧！那里夜未央、城不眠，是造梦地、风月场、销金窟，是天下无数学子心驰神往的地方！

去长安！去长安！李白的内心深处，一个声音越来越强烈。

终于，开元十八年（730 年），30 岁的李白作出决定：告别安陆的安逸生活，开始自己的寻梦之旅。

经过一个多月的长途跋涉，李白终于从安陆抵达长安。

“九天阊阖开宫殿，万国衣冠拜冕旒。”（王维《和贾舍人早朝大明宫之作》）唐朝时，长安的国际地位和社会影响力，远超今天美国的纽约、法国的巴黎、英国的伦敦和日本的东京。

长安，一座国际之城。唐朝是当时世界上最强大、最繁荣的国家，经济在世界上处于领先水平。其首

《大明宫图卷》 元 王振鹏

都长安规模宏大，气势宏伟，是世界第一大城市，还是世界上第一个人口突破 100 万的城市。众多国家和地区与长安通信、通使。在长安城中居住的外国使者、商人、留学生、留学僧尼等的总人数超过 3 万，留在长安当官的外国人就有 3000 多人。

长安，一座权力之城。从空中俯瞰长安，整个长安城如同一个巨大的棋盘，面积达 84 平方千米。“百千家似围棋局，十二街如种菜畦”（白居易《登观音台望城》），整个城市规范整齐，井井有条，有 2 市 108 坊。皇宫大明宫位于长安北面，建在高高的山坡上，规模宏大，建造精美，面积是北京故宫的 4 倍，凡尔赛宫的 3 倍，白金汉宫的 15 倍，象征着皇权的至高无上。

长安，一座商业之城。长安是丝绸之路的东方起点，是举世闻名的世界贸易中心之一，同时是全国最大的商业市场，来自世界各地的奇珍异宝和珍禽异兽在这里售卖。经营商业的不仅有中国商人，还有众多来自西域、波斯等地的胡商。长安东西两市的店、肆、铺、邸数不胜数，商品琳琅满目，应有尽有。据宋敏求的《长安志》记载，东市经营的门类达 220 行之多，光开业经营的茶铺就有上百家。

长安，一座文化之城。当时的长安是全世界学子最向往的留学目的地，日本、高句丽、百济、新罗、吐蕃、高昌等国家和地区的留学生纷至沓来，入读长安的国子学和太学。中国的佛教徒，基督教派别的景教徒，波斯的袄教徒和摩尼教徒，大食的伊斯兰教徒，纷纷在长安建造风格迥异的寺院，宣传各自的教义。

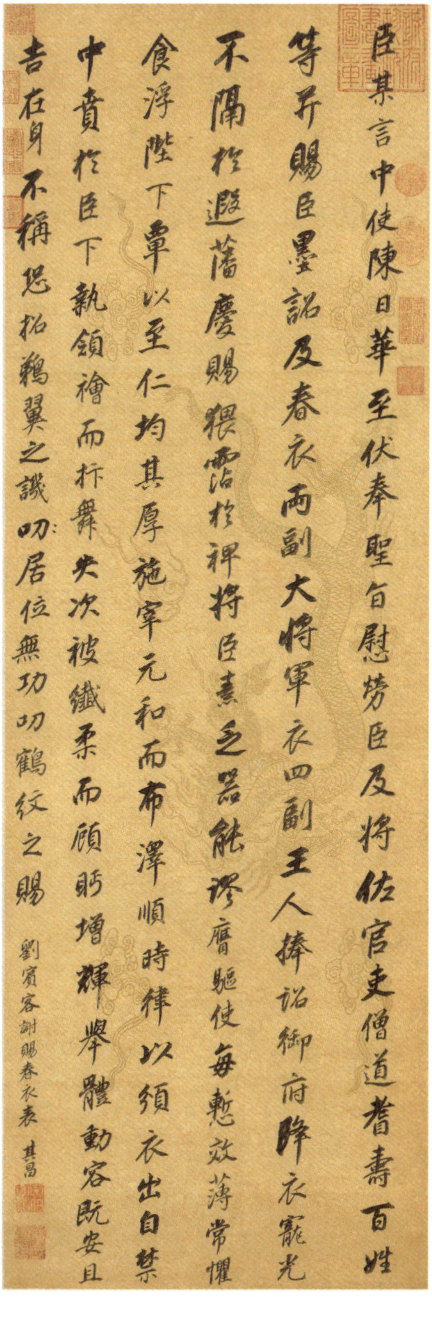

《书刘禹锡谢春衣表》轴
明 董其昌

长安，一座诗歌之城。一座长安城，半部《全唐诗》。这座城市的繁荣、文明、富庶、开放和多元，令无数文人骚客心生向往。他们都有着浓厚的“长安情结”。辛弃疾说“西北望长安”，李白说“长安不见使人愁”。全国的精英、文人如同朝圣一般，千里迢迢从家乡来到长安追梦，成为“长安漂”一族。长安这片沃土，滋养了李白、杜甫、王维、白居易、元稹、柳宗元、刘禹锡、李商隐等众多著名诗人。据统计，《全唐诗》共收录诗歌 48900 余首，有将近一半在这里写成或与这里有关。

30 岁的李白和无数满怀梦想的年轻学子一样，千里迢迢地来到长安。然而，他在这里兜兜转转，到最后才发现，他和其他年轻人一样，不过是“困在这座城里的普通人”。

寂寞终南

初入长安，李白只觉得自己眼花缭乱，目不暇接，长安的一切，都让他感到新鲜有趣。然而，他并没有忘记自己此行的目的。

很快，在岳父书信的引荐下，他拜访了右丞相张说。张说乃开元时期一代文宗，前后三次为相，在政坛、文坛地位举足轻重。如果能得到张说的助力，李白的仕途一定大有希望。可是，人算不如天算，此时张说病重，无法见客，便嘱托自己的二儿子张垍接待李白。

张垍是长安城中的显贵，父亲是当朝宰相张说，张垍还娶了唐玄宗宠爱的女儿兴信公主为妻，自己官居翰林学士、太常寺卿。可是，张垍没有父亲的慧眼识珠，对于前来谒见的年轻诗人，他并不在意，只是和李白客套了几句。读过李白的诗后，他并没有认为李白拥有经世之才，更没有想过全力向唐玄宗举荐李白。他建议李白去终南山的玉真别馆拜访唐玄宗的妹妹玉真公主，并表示玉真公主一向爱惜人才，李白的诗构思巧妙，语句灵动，颇有道家的风采，如果有幸被玉真公主赏识，那他将会平步青云，前途不可限量，此所谓“终南捷径”。

李白无可奈何，只得听从了张垍的建议，去终南山的玉真别馆碰碰运气。

刚入终南山时，他还带着潇洒自在的心情，多年后，他在回忆中写出“暮从碧山下，山月随人归。却顾所来径，苍苍横翠微”（《下终南山过斛斯山人宿置酒》）的诗句。从夏天一直到秋天，他在别馆中对着苦雨，守着枯灯，喝着闷酒，等待着玉真公主的到来，“独酌聊自勉，谁贵经纶才。弹剑谢公子，

《张果见明皇图》卷　元　任仁发

无鱼良可哀”（《玉真公主别馆苦雨赠卫尉张卿二首·其一》）。小半年的时间过去了，李白连玉真公主的影子都没能见到。

“长安哪长安，这个流光溢彩、光彩照人的都市，为什么要将我拒于千里之外？为什么你远在天边，又近在眼前？”在万千思绪中，李白不觉吟诵道：

长相思，在长安。

络纬秋啼金井阑，微霜凄凄簟色寒。

孤灯不明思欲绝，卷帷望月空长叹。

美人如花隔云端，上有青冥之高天，下有渌水之波澜。

天长路远魂飞苦，梦魂不到关山难。

长相思，摧心肝。

——唐　李白《长相思》

行路之难

与其在别馆浪费时间，何不单刀直入，孤身一人勇闯长安？说不定以自己的诗情才情，不久之后就能在长安小有名气呢！于是，李白决定从终南山下山，再入长安城。

这次，他没有去拜访达官显贵，而是深入长安的市井街道、酒肆旅店。他要体验长安的脉搏，感受长安的气息，找寻长安的气质，享受长安的欢乐。

很快，李白就发现，长安城中，无论达官显贵，还是市井之徒，都酷爱斗鸡。一代英主唐玄宗因酷爱斗鸡，被戏称为“斗鸡皇帝”。开元之初，年轻的君主雄心勃勃，励精图治，为了提倡节俭之风，他下令将各宫搜罗来的金银珠宝、绫罗绸缎以火焚烧，并向全天下颁布敕令：“自今天下更毋得采珠玉、织锦绣等物，违者杖一百，工人减一等。”

而此时的唐玄宗已经在位近 20 年，他开始满足于自己的文治武功，沉醉于各种享乐。他酷爱斗鸡，于是专门设立了一个养鸡的机构，叫作“鸡坊”，还专门选派 500 名禁军子弟来训练从民间精挑细选

《明皇斗鸡图》　南宋　李嵩（传）

而来的上千只雄鸡。有一个大字不识的斗鸡少年叫贾昌，仅仅因为训鸡手段高超，就被唐玄宗封了官，得宠40年，风光无限，以至于长安城流行一首歌谣："生儿不用识文字，斗鸡走马胜读书。贾家小儿年十三，富贵荣华代不如。能令金距期胜负，白罗绣

衫随软舆。父死长安千里外，差夫持道挽丧车。”(《神鸡童谣》)

自古以来，统治者的一举一动都会成为社会的风向标。自然而然，斗鸡成了全长安热度最高的爱好，上至王公贵族，下至贩夫走卒，无不喜爱斗鸡。人们不吝重金，甚至倾家荡产，养斗鸡，训斗鸡，打比赛。市井街头，常常可见众人围观、拍手叫好的斗鸡场面。

李白仿佛走进了一个折叠的长安，它流光溢彩，有着盛世的光彩照人；它光怪陆离，有着人间的各种荒诞；它藏污纳垢，隐藏着许多不可告人的秘密；它虚情假意，对权贵者极尽温柔，对落魄者冷漠无情；它摇摇欲坠，四梁八柱已经出现了触目惊心的裂痕。

在长安，李白最爱光顾的便是“胡姬酒肆”。只要他一踏进酒肆，就会有带着异国风韵、面容姣好、妩媚多情的胡姬，用琥珀杯或玛瑙杯为他斟满甘甜爽口的美酒，当场为他献唱甜润的歌曲，表演迷人的胡舞。这一切让李白心醉神迷。他曾写下他在长安城意气风发的样子：

五陵年少金市东，银鞍白马度春风。

落花踏尽游何处？笑入胡姬酒肆中。

——唐　李白《少年行二首·其二》

胡姬曾多次出现在李白的诗歌中，可见李白对“胡姬酒肆”的喜爱。

“胡姬貌如花，当垆笑春风。笑春风，舞罗衣，君今不醉将安归？”（《前有樽酒行二首·其二》）

“何处可为别？长安青绮门。胡姬招素手，延客醉金樽。”（《送裴十八图南归嵩山二首·其一》）

“双歌二胡姬，更奏远清朝。举酒挑朔雪，从君不相饶。”（《醉后赠王历阳》）

除了爱好“胡姬酒肆”，李白也渐渐迷上斗鸡。不久，他就和斗鸡场里的泼皮无赖发生了争执。李白虽然会剑术，可对方人多势众，他根本不是对手。眼见李白就要吃亏，情急之下，一个叫陆调的人冲出人群，向清宪台告急，找来了御史台的纠察队，解救了他。后来，李白专门写诗《叙旧赠江阳宰陆调》感谢陆调：“风流少年时，京洛事游遨。腰间延陵剑，玉带明珠袍。我昔斗鸡徒，连延五陵豪。邀遮相组织，

《举杯邀月图》　南宋　马远

呵吓来煎熬。君开万丛人，鞍马皆辟易。告急清宪台，脱余北门厄。”

客居长安的这段日子里，李白时常一个人抬头仰望长安的万里碧空，也时常对着月亮发呆。长安的天空更苍凉，更辽阔；长安的月亮更清冷，更寂寞。

长安一片月，万户捣衣声。
秋风吹不尽，总是玉关情。
何日平胡虏，良人罢远征？

——唐　李白《子夜吴歌·其三》

连长安的月亮，都映照着家国大事、万里山河，而他那满是抱负的心，究竟能托付给谁？

这是谁的长安？这是唐玄宗的长安。你看，他的宫殿巍峨壮丽，他的士兵威武雄壮！

这是谁的长安？这是达官贵人的长安。你看，他们深宅大院，香车宝马，宴饮作乐，享尽繁华！

这是谁的长安？这是时代的长安。这是长安最高光、最绚烂的时刻。不久之后，长安将从这样的盛景中跌落，掉入命运的旋涡，它的繁华将凋谢，它的辉煌将谢幕！

权力的天梯，犹如蜀道之难，成了李白此时几乎不可逾越的高峰。人生如棋，而对手就是自己的命运和环境。一场送行宴上，借着酒劲，他心中的悲愤与不平喷薄而出，李白大笔一挥，写下《行路难三首·其二》：

大道如青天，我独不得出。
羞逐长安社中儿，赤鸡白狗赌梨栗。
弹剑作歌奏苦声，曳裾王门不称情。
淮阴市井笑韩信，汉朝公卿忌贾生。
君不见昔时燕家重郭隗，拥彗折节无嫌猜。
剧辛乐毅感恩分，输肝剖胆效英才。
昭王白骨萦蔓草，谁人更扫黄金台？
行路难，归去来。

——唐　李白《行路难三首·其二》

李白是谁？是那个一生追求光明灿烂的赤子！是那团始终熊熊燃烧的火焰！是那只永远翱翔天际的大鹏鸟！长安城困不住他，现实更困不住他，他的心灵永远是自由的。此时，他的朋友已备好美酒，在远方等他，愿与他共饮话春秋！

07

朋友如金

朋友是什么？是受伤时的一剂良药，困窘时的一方港湾，快乐时的一壶好酒，前行时的一叶扁舟。

莫逆之交

开元二十年（732 年），李白暂别长安。虽然他心里有着怅然与不甘，却没有任何办法，因为带去的盘缠已所剩无几。但他在心里默默对自己说："长安长安，总有一天我会重新回到这里。那时，所有的朱门都将为我打开，所有的宫灯都将为我点亮，我一定会在长安绽放光芒，成为大唐舞台上的重要角色。"

这一年的李白已经 32 岁了，他不愿意就这样回到安陆被人们耻笑。他决定畅游天下，遍访名山大川，广邀朋友饮尽天下美酒。他先是乘舟沿黄河而下，在东都洛阳一带逗留。稍作停留后，他再次启程西行。这次，他要见他最要好的朋友，正在嵩山修行的元丹丘。

李白与元丹丘曾于峨眉山结为知己，那已经是十多年前的事了。今天，他们终于在嵩山见面。再见面时，李白带着几分旅途的风尘，脸上还沾染了些岁月的痕迹。

天遥水远，车马不易，朋友见面，定是充满了欢喜。这些年来，元丹丘一心一意寻仙修道，并在嵩山隐居多年，如今是道教茅山宗第七代嵩山传人。在这里，他修建了颍阳山居。元丹丘热情好客，他竭力劝李白住下来，一有空，他就陪着李白深入嵩山三十六峰中去探奇览胜。

嵩山位于今天河南省中部偏西的位置，它高大巍峨，险峻异常，同时山高水长，风光无限，是当之无愧的中岳。两座主峰太室山和少室山东西对峙，合称“二室”。

他们畅游嵩山，到道观顶礼膜拜，欣赏山里的朝霞晨雾、奇石飞瀑、青松石潭。李白看到元丹丘那副飘然若仙、潇洒风流的样子，心中不由暗生羡慕。是啊，这么多年过去了，元丹丘始终坚守在修行的道路上，心无旁骛，如今小有所成，成为胡紫阳最出众的徒弟，生活过得逍遥自在。如果和他一起隐居，没有那么多想法，不是一件很快意的事吗？

在《元丹丘歌》里，李白把元丹丘描绘成了一位独与天地往来、不受一切羁绊的仙人：

《嵩山十景册·云锦淙》 明 唐寅

《嵩山十景册·洞元室》　明　唐寅

元丹丘，爱神仙。朝饮颍川之清流，
暮还嵩岑之紫烟。三十六峰常周旋。
长周旋，蹑星虹。身骑飞龙耳生风，
横河跨海与天通。我知尔游心无穷。

——唐　李白《元丹丘歌》

在《题元丹丘山居》里，他以诗歌为画笔，寥寥几句，就描绘出元丹丘那副与世无争、闲云野鹤的生命状态：

故人栖东山，自爱丘壑美。
青春卧空林，白日犹不起。
松风清襟袖，石潭洗心耳。
羡君无纷喧，高枕碧霞里。

——唐　李白《题元丹丘山居》

开元二十四年（736年），一位被人称作“岑夫子”的贵族公子——岑勋前来拜访元丹丘，三人一见如故，相谈甚欢。他们一起立于群山之巅，俯瞰迤逦的黄河在阳光之下闪着银光，眺望暮色笼罩之下的古都洛阳。

月亮上来了，颍阳山居笼罩在一片清辉之中。美酒佳肴端上来，他们在院子里开怀畅饮，高谈阔论。酒酣耳热之际，不觉有一股热浪在已带五分醉意的李白胸中翻滚。这些年所经历的希望与失望、理想与现实、奔波与冷眼早已在他的心中酿下一坛老酒，今天喝的这顿大酒，仿佛将他点燃，所有的情绪如同焰火一般喷薄而出。灵感又来敲门了！就在这个夜晚，李白的诗歌创作达到一个高潮，他为世人留下了一首酣畅淋漓的《将进酒》：

君不见黄河之水天上来，奔流到海不复回。
君不见高堂明镜悲白发，朝如青丝暮成雪。
人生得意须尽欢，莫使金樽空对月。
天生我材必有用，千金散尽还复来。
烹羊宰牛且为乐，会须一饮三百杯。
岑夫子，丹丘生，进酒君莫停。
与君歌一曲，请君为我倾耳听。
钟鼓馔玉不足贵，但愿长醉不用醒。

《对月图》轴
南宋　马远

古来圣贤皆寂寞，惟有饮者留其名。
陈王昔时宴平乐，斗酒十千恣欢谑。
主人何为言少钱，径须沽取对君酌。
五花马，千金裘，呼儿将出换美酒，
与尔同销万古愁。

——唐　李白《将进酒》

全诗大气磅礴，高昂悲壮，激情迸发，让每一位读到的人如同遭遇雷击一般。这哪里是诗？分明是李白的生命宣言：生命终将消逝，生命必将老去，与其沉沦悲伤，不如痛饮高歌，活在当下！

诗坛一哥

如果说，元丹丘是李白的莫逆之交，那么，孟浩然则是他心中的诗坛一哥。

孟浩然擅长写清秀俊雅、自然通透的山水诗，年少之时就因为一首《春晓》而扬名，与王维同为田园诗派的代表人物。但他在科举考试中落榜，从此走上了以诗赋求仕的曲折道路。他写过“微云淡河汉，疏雨滴梧桐”（《句》）的秋夜，写过“野旷天低树，江清月近人”（《宿建德江》）的旷野，写过“绿树村边合，青山郭外斜”（《过故人庄》）的乡村，写过“当路谁相假，知音世所稀”（《留别王侍御维》）的惆怅。

李白觉得，他和孟浩然何其相似。两人都酷爱诗歌，都极有诗才，都十分自傲，少年时都曾练剑。更巧的是，他们都爱饮酒，好交朋友。

在李白第二次赴长安之前，李白和孟浩然曾经多次相见，每一次相见，李白都收获颇多。为了表达对孟浩然的崇敬之情，李白不惜用上溢美之词，你看他写的《赠孟浩然》：

《草书孟浩然诗》卷　清　傅山

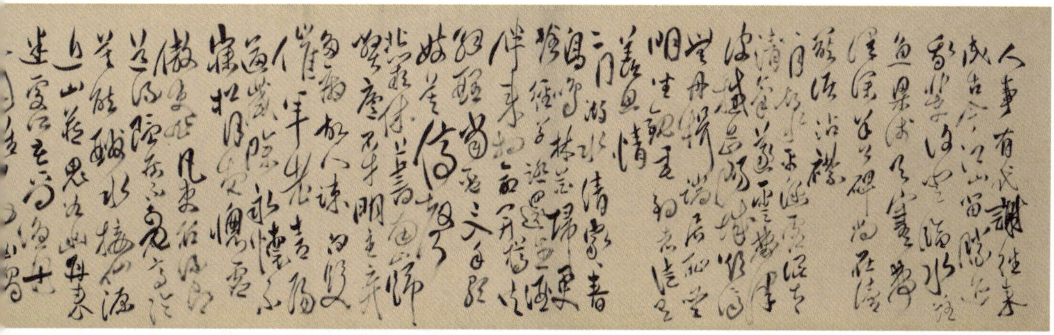

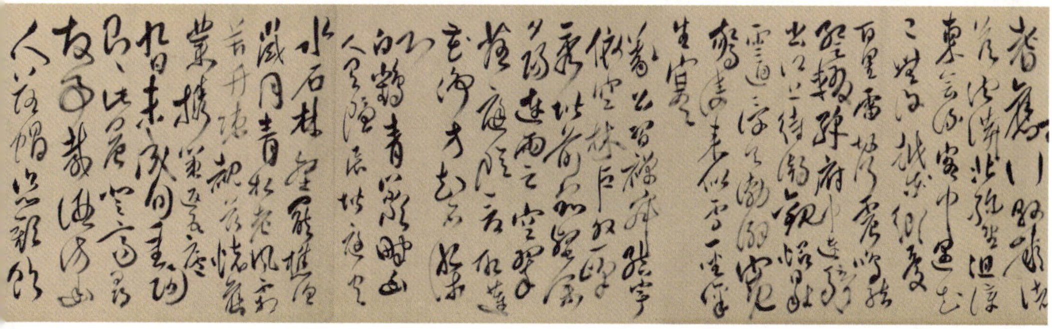

吾爱孟夫子，风流天下闻。
红颜弃轩冕，白首卧松云。
醉月频中圣，迷花不事君。
高山安可仰？徒此揖清芬。

——唐　李白《赠孟浩然》

开元十六年（728年），一个春光明媚的三月，李白得知孟浩然不久之后就要乘船前去广陵（今江苏扬州），便书信邀约孟浩然在江夏（今湖北武汉）相会。两位好朋友相见甚欢。几天后，孟浩然乘船而去，李白到江边送行。望着好友远去的身影，望着小船飘然远逝，想起此去千山万水，再相聚不知何时，李白不觉诗心荡漾，脱口而出《黄鹤楼送孟浩然之广陵》：

故人西辞黄鹤楼，烟花三月下扬州。
孤帆远影碧山尽，唯见长江天际流。

——唐　李白《黄鹤楼送孟浩然之广陵》

此诗一出，便让所有的送别诗黯然失色。

开元二十二年（734 年），为了帮助李白在仕途上有所发展，孟浩然将李白推荐给荆州大都督府长史韩朝宗。韩朝宗虽然为官平庸，但却有推贤进士的美誉，年轻的学子都想拜在他的门下，“生不用万户侯，但愿一识韩荆州”（《与韩荆州书》）。

为了这次相见，李白精心准备，苦心酝酿，写下《与韩荆州书》，希望能以自己的文采打动对方。这篇文章写得舒展、巧妙而又磅礴，是一封上乘的自荐信。文中，他不卑不亢地介绍自己：“白陇西布衣，流落楚汉。十五好剑术，遍干诸侯；三十成文章，历抵卿相。虽长不满七尺，而心雄万夫。王公大人，许与气义。此畴曩心迹，安敢不尽于君侯哉？”尽管自荐信写得文采飞扬，可韩朝宗并没有举荐李白的意思，李白的希望再次落空。

诗友天下

从开元二十年（732 年）到开元二十九年（741 年），李白的仕途毫无进展，但他的人生却发生着很多变化，原配妻子离世，李白带着一双儿女迁往兖州投奔族亲。

从北到南，从西到东，李白的脚步从来不曾停歇，他不仅行万里路，更结交了四方朋友，从达官显贵到风流才子，从文人雅士到普通民众，涵盖各行各业，可谓交游广阔。李白为朋友做的最浪漫的事，就是写下一首又一首送别诗、饮酒歌。一场普通的别离，一次平常的宴会，只要经过李白的妙笔，就满载着情感，充盈着气氛，散发出意境。

在江夏，他巧遇被贬官的宋之悌。宋之悌是唐代诗人宋之问的弟弟。得知宋之悌被贬到千里之外的安南都督府交趾郡（在今越南境内），他依依不舍，以诗相赠：

楚水清若空，遥将碧海通。

人分千里外，兴在一杯中。

谷鸟吟晴日，江猿啸晚风。

平生不下泪，于此泣无穷。

——唐　李白《江夏别宋之悌》

在江夏，他还邂逅了押运粮船路过此地的监丞张祖。他为张祖写下：

欲别心不忍，临行情更亲。

酒倾无限月，客醉几重春。

藉草依流水，攀花赠远人。

送君从此去，回首泣迷津。

——唐　李白《江夏送张丞》

他对张祖说，自己“误学书剑，薄游人间。紫微九重，碧山万里。有才无命，甘于后时”。言语中，满是无奈。

后来，他结识了一位叫郭季鹰的朋友，从心底里赞美他的品行，说他不屑与争食的鸡群为伍，而是擅长和凤凰为群：

《金台送别图》 明 戴进

河东郭有道，于世若浮云。

盛德无我位，清光独映君。

耻将鸡并食，长与凤为群。

一击九千仞，相期凌紫氛。

——唐 李白《赠郭季鹰》

在李白之后几十年的人生中，他也到处结交朋友。在广陵，他听说被称为“七绝圣手”的好友王昌龄正在贬官的路上，心情十分郁闷。李白不知该

如何安慰他，便写诗一首遥寄给他，宽慰这位朋友的心：

杨花落尽子规啼，闻道龙标过五溪。
我寄愁心与明月，随风直到夜郎西。

——唐　李白《闻王昌龄左迁龙标遥有此寄》

在泾县（今安徽泾县），当地名士汪伦以“十里桃花”和“万家酒店”热情相邀，李白欣然前往，在桃花潭小住数日。告别时，汪伦特意从家中挑选了八匹骏马和十端官锦相送，并且挑来两坛佳酿让李白一并带走。李白深受感动，临行前以诗相赠，于是创作出那首清新自然、脍炙人口的送别诗《赠汪伦》：

李白乘舟将欲行，忽闻岸上踏歌声。
桃花潭水深千尺，不及汪伦送我情。

——唐　李白《赠汪伦》

对于李白来说，朋友是什么？朋友赋予他人生充实的意义，激发他无限的灵感，触动他万千的情愫。他爱朋友，朋友们也爱他，爱他的坦荡直率，爱他的赤子深情，爱他的初心不改，爱他的天真质朴，爱他的天马行空。

正因为有了朋友，李白的一生过得热热闹闹。他们心心相印，彼此温暖，互相照耀！

不仅如此，朋友还将改写他的命运。这不，元丹丘千里传书，唤他快快入长安，因为唐玄宗正在大殿之上，等着召见他！

08

长安如梦

纯粹的文字，字字凝香，语语流葩，给世人留下了如梦如幻、举世无双的盛唐咏叹调。

大唐阴影

天宝元年（742 年），李白已在家中赋闲两年，早已被同居的女子刘氏所嫌弃。接到元丹丘的千里传书，李白仿佛中了巨额彩票般，丝毫掩饰不住内心的狂喜和得意，于是他作了那首著名的《南陵别儿童入京》："会稽愚妇轻买臣，余亦辞家西入秦。仰天大笑出门去，我辈岂是蓬蒿人？"这首诗直抒胸臆，李白那副骄傲、洒脱、大摇大摆的样子仿佛直接从诗中跳了出来，让人不禁赞叹，李白的诗，和他的气质是多么相像。

李白从兖州执鞭跨马，跋涉远道，千里奔袭，短短半月，他又来到长安。

开元二十九年（741 年），玉真公主推荐元丹丘担任长安城西京大昭成观威仪，负责管理皇室宫观的道教事务。利用这个机会，元丹丘向玉真公主进献了李白专门为她写的诗文：

玉真之仙人，时往太华峰。

清晨鸣天鼓，飙欻腾双龙。

《明皇游月宫图》扇页　明　周臣

弄电不辍手，行云本无踪。
几时入少室，王母应相逢。

——唐　李白《玉真仙人词》

在元丹丘的积极运作下，玉真公主最终答应助李白一臂之力，让他直达龙庭，平步青云。这才有了李白二入长安。

李白憧憬着，唐玄宗是英明圣主，治下政治清明，国家强盛，社会繁荣，自己生逢其时，必将在历史的大舞台上有一番大作为。

殊不知，李白这次又错了。

天宝初年，大唐看似强盛无比，实际上已经投射下巨大的阴影。正所谓草蛇灰线，伏脉千里，一个一个看似孤立的事件串联起来，恰好预示着大唐的危机，暗示着人物的结局。

开元二十四年(736年),一代名相张九龄被罢相，李林甫一跃成为宰相，独揽大权19年。政治风向迅速转变，一大批有能之士出走朝堂，唐玄宗精心维持的“文人政治”格局迅速瓦解，国家欣欣向荣的局面戛然而止。

开元二十八年（740年），56岁的唐玄宗迎儿媳杨玉环入宫，从此专宠一人，纵情享乐，很少过问政事。

开元二十九年（741年），小官田同秀向唐玄宗进献祥瑞，唐玄宗派人前往秦函谷关旧址，果然在尹喜台旁找到“灵符”。这一年至次年年初，唐玄宗接连失去两位亲人，一位是他的堂兄李守礼，另一位是他要好的大哥李成器，这给了他很大的打击。为了祛除晦气，在“灵符”事件的启发下，唐玄宗改年号为“天宝”，为自己加了一个尊号，叫作“开

《杨贵妃上马图》 元 钱选

元天宝圣文神武皇帝”，从此在求仙拜神的道路上越走越远。

天宝初年的唐玄宗，再也不是那个励精图治、崇尚节俭、从善如流、惜才如金的君王，他失去了宏图大志，失去了奋斗目标，忘记了登基时的初心和使命。

而对这一切，李白全然不知。此时，他心目中的君王，比太阳更耀眼，比月亮更迷人，他希望自己能够沐浴在他的光辉下，成就明主贤臣的千古佳话。

待诏翰林

在等待召见的日子里，李白重新游走于长安的大街小巷，他的目光一遍遍端详那高耸的宫殿、宽阔的街道、熙攘的人群。长安哪长安，他心中的圣地，他为它写下“孤灯不明思欲绝，卷帷望月空长叹”（《长相思》）的思念，写下“长安一片月，万户捣衣声”（《子夜吴歌四首·其三》）的静谧，写下“长安白日照春空，绿杨结烟桑袅风”（《阳春歌》）的清丽。曾经，长安拒他于千里之外，让他感叹“美人如花隔云端”；如今，长安却打开大门，迎接他这位尊贵的客人。人生，就是这样充满戏剧性。

更具戏剧性的是，他在道观紫极宫结识了忘年知己，自号“四明狂客”的文学大腕贺知章。

贺知章年长李白42岁，结识李白时已经83岁了。贺知章36岁高中状元，然后从国子四门博士，也就是唐朝最高学府国子监的高级教员干起，历经多个岗位，最后干到了太子宾客（正三品）、银青光禄大夫（从三品）兼正授秘书监，人称“贺监”。

贺知章不但仕途顺利，而且是开元时期著名的文学家、书法家，其创作的诗歌自然朴实，感情真挚，代表作《咏柳》《回乡偶书》等脍炙人口，人们争相诵读、收藏。

贺知章与李白相遇，两人自然三句话离不开诗文。李白兴致勃勃地拿出他的得意之作《蜀道难》："蜀道之难，难于上青天。蚕丛及鱼凫，开国何茫然。尔来四万八千岁，不与秦塞通人烟。西当太白有鸟道，可以横绝峨眉巅。地崩山摧壮士死，然后天梯石栈相钩连……连峰去天不盈尺，枯松倒挂倚绝壁。飞湍瀑流争喧豗，砯崖转石万壑雷……剑阁峥嵘而崔嵬，一夫当关，万夫莫开……"

这篇一唱三叹、撼动山岳、激荡风雷的文字淋漓尽致地描绘出蜀道的山之高、水之急、绝壁之险、河山之壮观、林木之荒寂、攀缘之艰辛。贺知章一边看，一边赞叹连连，不禁惊呼这是谪仙人之作！

潇洒豁达、酷爱饮酒的贺知章，兴冲冲地拉着李白去喝酒。酒喝到一半，他才想起自己身上没带钱。于是，他痛快地解下腰间佩戴的金龟，押给店小二。

李白连忙阻止说："贺监，这可使不得，这是朝廷发给您的信物，象征着高贵的身份，怎么好拿

来换酒呢？”

贺知章大手一挥，笑道：“我已经多年没有读到如此酣畅淋漓的诗文了，不妨事，明日我叫小厮拿钱换回来便是。”这就是历史上有名的典故“金龟换酒”的由来。

李白在《对酒忆贺监二首并序》中写道：

太子宾客贺公于长安紫极宫一见余，呼余为谪仙人，因解金龟换酒为乐。没后对酒，怅然有怀，而作是诗。

《蜀道难》　元　赵孟頫

四明有狂客，风流贺季真。

长安一相见，呼我谪仙人。

昔好杯中物，今为松下尘。

金龟换酒处，却忆泪沾巾。

——唐　李白《对酒忆贺监二首并序·其一》

从此以后，贺知章成为李白的超级粉丝，逢人就夸赞李白的诗才与风度，更向唐玄宗隆重推荐李白。

终于，唐玄宗下旨，召见李白，地点就在大明宫的正殿含元殿。

那是李白一生中最高光的时刻，一重一重的宫门为他缓缓打开，英姿挺拔、全副武装的士兵立于道路两旁。

也不知走了多久，李白终于来到含元殿。只见唐玄宗身着圆领明黄袍，头戴金龙翼善冠，亲自走下龙椅来迎接他，如同当年刘邦接见“商山四皓”一般。

唐玄宗赐李白坐上七彩宝石镶嵌的宝座，享用精致可口的食物。一碗羹汤端上来，唐玄宗亲自调好味道，才让宫女送到李白的面前。

唐玄宗对他说："卿是布衣，名为朕知，非素蓄道义，何以及此？"（你虽然是一介布衣，但你的大名我早有耳闻，如果不是你诗名远播，品性高洁，今天怎么会得到如此殊遇呢？）

这是李白一生中最华丽的一个梦，他站在万众瞩目的舞台中央，享受君王隆重的礼遇，接受大家艳羡的目光。此时的他百感交集，他在《赠从弟南平太守之遥二首·其一》一诗中忆起自己的前半生，从少年落魄的"少年不得意，落魄无安居"，到如今的"天门九重谒圣人，龙颜一解四海春"；从籍籍无名的"常时饮酒逐风景，壮心遂与功名疏"，到金尊玉贵的"龙驹雕镫白玉鞍，象床绮席黄金盘"；从无人知晓的"兰生谷底人不锄，云在高山空卷舒"，到风光无限的"彤庭左右呼万岁，拜贺明主收沉沦"。封建王朝，君主拥有点石成金的权力魔法。对唐玄宗，李白一生充满着景仰与深情，"爱君山岳心不移，随君云雾迷所为"。今天，他就真真切切地站在君王面前，他的梦想似乎触手可及。

李白以翰林待诏的身份开始了他的仕途。他摇身一变，从一位头戴角巾、身着葛服的布衣，变成头戴学士帽、身穿宫锦袍的官员。唐玄宗是真喜欢他，只要和杨玉环出游，唐玄宗都会点名带上李白。

天宝元年（742 年）十月，唐玄宗携杨玉环前往骊山温泉行宫，李白随行，作诗：

羽林十二将，罗列应星文。
霜仗悬秋月，霓旌卷夜云。
严更千户肃，清乐九天闻。
日出瞻佳气，葱葱绕圣君。

——唐　李白《侍从游宿温泉宫作》

天宝二年（743 年），玄宗在宫中歌舞行乐，李白奉旨作《宫中行乐词八首》（史载原有十首，传世仅八首）：

柳色黄金嫩，梨花白雪香。
玉楼巢翡翠，珠殿锁鸳鸯。
选妓随雕辇，征歌出洞房。
宫中谁第一？飞燕在昭阳。

——唐　李白《宫中行乐词八首·其二》

仲春，玄宗偕杨玉环畅游曲江池宜春苑，李白奉诏作《侍从宜春苑奉诏赋龙池柳色初青听新莺百啭歌》。

暮春，牡丹怒放。唐朝的皇室和贵族非常喜爱牡丹，唐玄宗亲封牡丹为“国花”，正所谓“唯有牡丹真国色，花开时节动京城”。玄宗与杨玉环兴致勃勃前往兴庆宫赏花，唐玄宗精通音律，面对名花美人、良辰美景，他想听新词入曲，便命乐工李龟年创作新曲。李龟年作好曲后需要有人填词，于是玄宗再传李白。据说李白此时是带着醉意而来，他没了规矩，把脚一抬，要皇帝的内侍高力士为他脱靴，还让金尊玉贵的杨贵妃为他磨墨，他才下笔，一气呵成：

云想衣裳花想容，春风拂槛露华浓。
若非群玉山头见，会向瑶台月下逢。

——唐　李白《清平调词三首·其一》

一支红艳露凝香，云雨巫山枉断肠，
借问汉宫谁得似？可怜飞燕倚新妆。

——唐　李白《清平调词三首·其二》

名花倾国两相欢，长得君王带笑看。

解释春风无限恨，沉香亭北倚阑干。

——唐　李白《清平调词三首·其三》

在这个春风沉醉的夜晚，李白的灵感倾泻于笔端，落在金花笺上。对于李白来说，这是一场绝美的盛会，最痴情的君王、最曼妙的美人、最娇艳的花朵、最动听的音乐、最奢华的场景、最美好的季节，所有的美好在此刻相逢，这该是大唐王朝最雅致、最浪漫的一个夜晚吧！该如何去赞美，才能让这个夜晚不沾染一点俗气，而是通体透明、至纯至美？

李白做到了。他用自然的笔触去捕捉，用仙界的女神来衬托，用灵动的语言去刻画，他成功了！纯粹的文字，字字凝香，语语流葩，给世人留下了如梦如幻、举世无双的盛唐咏叹调。这赞美，穷尽了文字，惊艳了时光，让李白浪漫多变、清水芙蓉的美学风格跃然纸上。

黯然离去

时间流逝，初入宫廷时的那份新鲜感日渐消退，李白心中隐隐有些无奈。日日陪着君王游乐，为君王填词助兴，而不是立于朝堂之上，指点江山，激扬文字，这难道就是他梦寐以求的生活吗?

李白并不愿做太平盛世的华美装饰，他心中郁闷，却又无处排解。同时，他还感到朝廷的气氛让人越来越看不懂。

宰相李林甫，最擅见风使舵、溜须拍马、打击异己、陷害贤能，却深得皇上宠幸，大权在握。

唐玄宗宠爱杨玉环，不惜从南方用快马运来荔枝，一路上马都不知道跑死几匹，只为博美人一笑。

李白开始偷偷地从翰林院里溜出来。宫廷虽然精致华美，却连空气中都弥漫着权力的味道，这几乎让李白窒息。

他时常邀上三五好友，浪迹酒肆，欢饮达旦。这些好友可不是一般的人物，他们个个都有来头。当中有贺知章，唐玄宗的侄子汝阳王李琎，曾任左丞相的李适之，吏部尚书崔日用的儿子、人赞“玉树临风”的美少年崔宗之，开元进士、曾做过户部和吏部侍郎的苏晋，人称“草圣”的张旭，才高八斗的布衣平民焦遂。他们个性张扬，狂饮纵歌，高谈阔论，吟诗作赋，成为长安城内一道最知名、最奇特的风景。

这道风景后来被年轻的诗人杜甫捕捉，写下著名的《饮中八仙歌》：

知章骑马似乘船，眼花落井水底眠。
汝阳三斗始朝天，道逢麴车口流涎，
恨不移封向酒泉。
左相日兴费万钱，饮如长鲸吸百川，
衔杯乐圣称避贤。
宗之潇洒美少年，举觞白眼望青天，
皎如玉树临风前。
苏晋长斋绣佛前，醉中往往爱逃禅。
李白一斗诗百篇，长安市上酒家眠，
天子呼来不上船，自称臣是酒中仙。
张旭三杯草圣传，脱帽露顶王公前，
挥毫落纸如云烟。

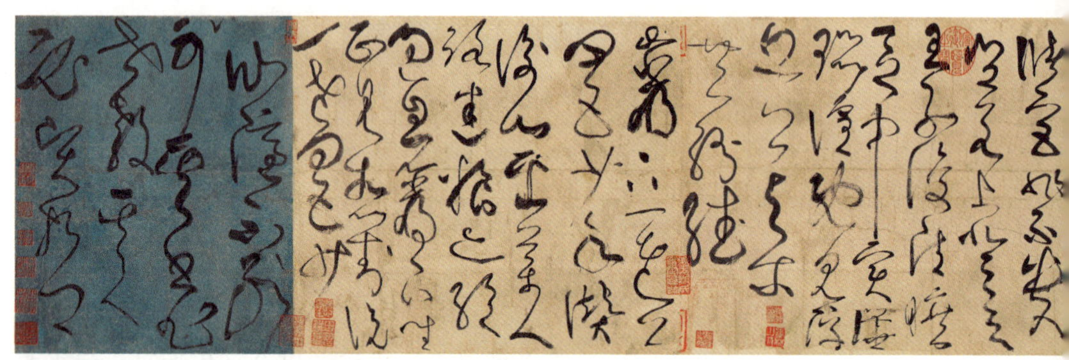

《古诗四帖卷》　唐　张旭

焦遂五斗方卓然，高谈雄辨惊四筵。

——唐　杜甫《饮中八仙歌》

杜甫诗中，八个人嗜酒如命，个性鲜明，举止张扬，个个自命不凡，这是盛唐文人士大夫独有的乐观、放达。最夸张的是李白，他“斗酒诗百篇”，“天子呼来不上船，自称臣是酒中仙”。据说这确有其事，有一次唐玄宗召见李白，要他给一个外来进贡的藩国写诏书，内侍们心急火燎地在长安城的酒肆里找到李白，可李白已经烂醉如泥，内侍只得将李白拖回大殿。

自此之后，关于李白藐视皇权、不识大体、恃宠而骄、放荡不羁的议论就在宫廷之内传开。

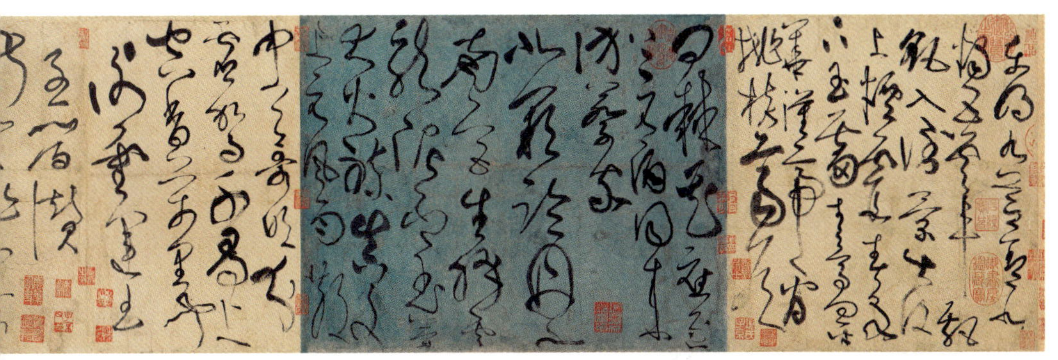

李白日渐感到宫廷生活的逼仄，这里像一个精致的牢笼，处处约束、算计着他，他虽然拥有了锦衣玉食，却没有了之前的自由洒脱。

终于，天宝三载（744 年），在几经徘徊、几番犹豫后，李白上书请求“还山”。玄宗很快就“恩准”，并赏赐给他不少金银宝物。

就这样，李白捧着一颗热腾腾的心来，最后沐浴着清冷的月光，踏上了离开的路。

金殿上的荣耀，酒肆中的热闹，宫廷内的繁华，仿佛还在昨天。可是，这一切戛然而止。李白的头狠狠地撞在了理想的南墙上，他感到痛苦，却又无处诉说。

面对这无解的现实，李白只能用诗表达他的心境。离别的路上，他满含热泪，作出一首古风《秦水别陇首》：

秦水别陇首，幽咽多悲声。
胡马顾朔雪，躞蹀长嘶鸣。
感物动我心，缅然含归情。
昔视秋蛾飞，今见春蚕生。
袅袅桑结叶，萋萋柳垂荣。
急节谢流水，羁心摇悬旌。
挥涕且复去，恻怆何时平？

——唐　李白《秦水别陇首》

长安梦，梦长安。长安曾经像一座玲珑剔透、光芒四射的理想灯塔，照着李白一路前行。而如今，长安更像一个巨大而无情的绞肉机，将他的梦想绞得粉碎。

李白有点迷茫，未来，路在何方？

09

人生如旅

他的生命，才是最独特、最重要的存在，他担负着为一个民族提供精神养料、青春故乡、文化坐标的使命。

李白的长安梦，终究以黯淡结束。“白璧竟何辜，青蝇遂成冤。”（《书情赠蔡舍人雄》）他曾经憧憬，唐玄宗能成为照亮他生命的那束光，他错了。

是的，他错了！李白不知道，他才是自己的上帝，他自带光芒，他存在更深远、更永恒的生命价值。他担负着为一个民族提供精神养料、青春故乡、文化坐标的使命。

如果唐玄宗重用了李白，那中国诗歌史将因此而痛失自己皇冠上的那颗明珠。

李白失去了长安，而他却从此拥有了诗歌的星辰大海。

伟大相遇

离开长安的时候，朋友们赶来送行，李白心中感到悲愤，满桌的美味佳肴，香气醉人的美酒，他无心享用。朋友们想陪他大醉一场，为他鸣不平，而命运的滋味，他只能独自品尝。

宴会结束，朋友们带着不舍四散而去，只留下李白孤独地面对自己的内心。他感叹理想道路的艰辛，现实的困境似乎让李白一下子失去了生活的重心、前进的方向。他用一首多年前写下的《行路难》来表达他的心绪：

金樽清酒斗十千，玉盘珍羞直万钱。
停杯投箸不能食，拔剑四顾心茫然。
欲渡黄河冰塞川，将登太行雪满山。
闲来垂钓碧溪上，忽复乘舟梦日边。
行路难，行路难。多歧路，今安在？
长风破浪会有时，直挂云帆济沧海。

——唐　李白《行路难三首·其一》

《春夜宴桃李园图》

清　吕焕成

每个人都有这样的时刻，希望破灭，命运多舛。人到中年，逆风翻盘的机会已经不多。而李白终究是李白，面对仕途的终结、命运的死结，他依然壮志在胸。“长风破浪会有时，直挂云帆济沧海”，那是他在挫败之后依然保持的英雄本色。

出长安后，李白没有回家，而是先下洛阳，再去汴州（今河南开封）。诗酒天涯，寄情山水，大自然里蕴藏着治愈心灵的良药。在旅行中治愈，在诗歌中沉醉，这何尝不是一种快意的人生？

《杜甫诗意图》　清　王原祁

天宝三载（744 年）夏，在东京洛阳，足足小李白 11 岁的杜甫，第一次遇到了李白。这是中国古代文学史上一次伟大的相遇。一千多年后，闻一多先生将这次相遇描述为“青天里太阳和月亮走碰了头”，“四千年的历史里，除了孔子见老子（假如他们是见过面的），没有比这两人的会面更重大，更神圣，更可纪念的”。

此时的杜甫还籍籍无名，他虽然已经写出了“会当凌绝顶，一览众山小”（《望岳》）的磅礴，却依然在仕途的道路上求索。

两人一见如故，相谈甚欢。两个有趣的灵魂在一起，旅途并不孤单。

短短几个月后，天宝四载（745 年），两人再次相聚。这一次，他们同游汴州，恰巧诗人高适客居在此地。

高适曾先后两次前往长安求取功名，还曾前往边塞寻找机会，可是都毫无结果。此后他便客游于梁、宋地区，定居宋城（今河南商丘），靠耕钓为生。

三个不得志却又才华横溢、酷爱饮酒的男人相伴而行，他们一同寻仙问道，前往王屋山阳台宫，寻访道教宗师司马承祯，得知宗师已经仙逝。李白心生感慨，提笔写下书法作品《上阳台帖》：山高水长，物象千万，非有老笔，清壮可穷。十八日，上阳台书，太白。

这段美妙的时光，被杜甫日后以《遣怀》一诗记录了下来："忆与高李辈，论交入酒垆。两公壮藻思，得我色敷腴。气酣登吹台，怀古视平芜。芒砀云一去，雁鹜空相呼。"

杜甫一生都崇拜李白，他将李白视为神一样的存在，为李白写下的诗句，入木三分，生动传神。比如：

秋来相顾尚飘蓬，未就丹砂愧葛洪。
痛饮狂歌空度日，飞扬跋扈为谁雄。

——唐　杜甫《赠李白》

杜甫经常会想起李白的才情："白也诗无敌，飘然思不群。"（《春日忆李白》）

他一生都牵挂李白，听说李白被流放，他心如刀割："江湖多风波，舟楫恐失坠。出门搔白首，

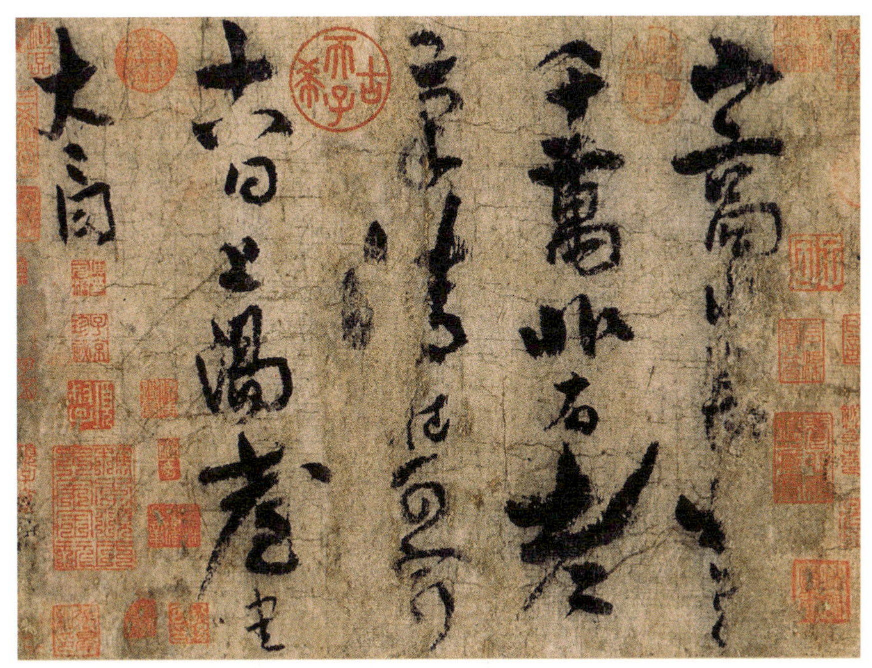

《上阳台帖》　唐　李白

若负平生志。冠盖满京华，斯人独憔悴。孰云网恢恢，将老身反累。千秋万岁名，寂寞身后事”。（《梦李白二首·其二》）

当许久没有李白的消息时，杜甫忧心忡忡：“不见李生久，佯狂真可哀。世人皆欲杀，吾意独怜才。敏捷诗千首，飘零酒一杯。匡山读书处，头白好归来。”（《不见》）

当得知李白被赦免时，杜甫又惊又喜：“昔年

有狂客，号尔谪仙人。笔落惊风雨，诗成泣鬼神。”（《寄李十二白二十韵》）

据统计，杜甫先后为李白写下 15 首诗。李白为杜甫写有三首诗，其中一首是两人在东鲁分别时而作，就是这首《鲁郡东石门送杜二甫》：

醉别复几日，登临遍池台。
何时石门路，重有金樽开？
秋波落泗水，海色明徂徕。
飞蓬各自远，且尽手中杯。

——唐　李白《鲁郡东石门送杜二甫》

李白和杜甫，演绎了一段君子相交的千古绝唱。悠悠岁月里，他们以诗酒为媒，搭起心灵的桥梁，烧红生命的炭火，彼此照亮、取暖。他们惺惺相惜，互相激赏。他们从不担心被对方的光芒遮挡，他们更不在乎因抬高对方而贬低自己。他们那样真诚，那样滚烫。他们何其幸运，在一个时代相遇，如日月交相辉映于天空。

历遍山河

天宝四载（745年）秋，李白正式受道箓，从此归入道籍，成为一名真正的道士。既然不能治国安邦，那就御风飞翔。

他怀念江南的繁华万千、风情万种，于是决定从东鲁出发，重游江南。出发前的一个夜晚，他做了一个梦。梦中，他的身体变得无比轻盈，一夜直达浙江境内的天姥山。那山哪，是那样的远阔雄峻，从地面一直连到云端。他脚着谢公屐，身登青云梯，看到了无数奇异的景象——海上升起的太阳，清晨报晓的天鸡，熊咆龙吟的岩泉，天崩地裂的气象。突然，山石洞开，天空蔚蓝，日月照耀着金银做的宫阙。神仙们身穿彩虹衣，以风为马，老虎弹琴，鸾鸟驾车，成群结队地下来。

忽然，李白从梦中惊醒，他才知道，刚刚那是一场梦。他慨然长叹，人生如梦，富贵如梦，欢乐如梦，万事都如流水般一去不返。他决定，把这段梦中奇遇写下来，便是这首《梦游天姥吟留别》："海客谈瀛洲，烟涛微茫信难求。越人语天姥，云霞明

《神仙故事图册》之一　清　冷枚

灭或可睹。天姥连天向天横，势拔五岳掩赤城。天台四万八千丈，对此欲倒东南倾。我欲因之梦吴越，一夜飞度镜湖月。湖月照我影，送我至剡溪……忽魂悸以魄动，恍惊起而长嗟。惟觉时之枕席，失向来之烟霞。世间行乐亦如此，古来万事东流水。别君去兮何时还，且放白鹿青崖间，须行即骑访名山。安能摧眉折腰事权贵？使我不得开心颜。”

在丰富奇特、流光溢彩的梦境之后，李白笔锋一转，他大声宣告：既然人生如梦，万事如流水，为什么要委屈自己？“安能摧眉折腰事权贵？使我不得开心颜。”

诗言志。我们每个人，都身不由己地困在现实的牢笼里，富贵是牢笼，贫穷也是牢笼；权力是牢笼，无知也是牢笼。能够不屈于权势，不依附他人，自爱、自信、自由而美好地活着就已经是很棒的事情。原来人生的真谛，1500 年前的李白就已经懂得，而我们还在苦苦追寻。

天宝六载（747年），李白重游江南，他写下《留别广陵诸公》，回忆自己的半生：

忆昔作少年，结交赵与燕。
金羁络骏马，锦带横龙泉。
寸心无疑事，所向非徒然。
晚节觉此疏，猎精草《太玄》。
空名束壮士，薄俗弃高贤。
中回圣明顾，挥翰凌云烟。
骑虎不敢下，攀龙忽堕天。
还家守清真，孤洁励秋蝉。
炼丹费火石，采药穷山川。
卧海不关人，租税辽东田。
乘兴忽复起，棹歌溪中船。
临醉谢葛强，山公欲倒鞭。
狂歌自此别，垂钓沧浪前。

——唐　李白《留别广陵诸公》

李白写这首诗的时候，一定是一个月色静谧的夜晚。他一个人端坐在桌前，眼前那盏忽明忽暗的油灯，映照着他沧桑的脸庞。他回想起自己的一生，几十年的时光在脑海里一一闪现，少年时狂放自信的他，皇宫内圣宠正隆的他，大山中孤身采药的他，溪水中放歌大醉的他……一股心流瞬间将他击中，此时，他仿佛灵魂出窍，周围的世界隐去了，他的身体变得无比轻盈，内心澄澈，一飞而起，脱离尘世，在诗歌的国度里纵情飞翔。他穿越时空，和少年的李白相遇，和宫廷中的李白见面，和寂寞山中、孤独月下的李白重逢。他体验到了前所未有的幸福与平静，同时又感受到了思绪的磅礴壮丽，每一次写诗，他都能够体验到那种深刻而持久的幸福。从这个意义上来说，诗歌是李白的另一种生命形式。

也是这一年，李白路过江苏丹阳，他看到当地河工正在用拖船运送从山中开凿下来的巨石。那些拖船工，衣衫褴褛，劳累不堪，汗流浃背，喝着最浑浊的水，却干着最脏最累的活，每前进一步都要

《月夜图》　明　唐寅

用尽全身的力气。看到此情此景，李白泪如雨下。李白决定用诗歌记录下劳动人民的辛劳与痛苦，创作出这首现实主义风格的《丁督护歌》：

云阳上征去，两岸饶商贾。
吴牛喘月时，拖船一何苦。
水浊不可饮，壶浆半成土。
一唱都护歌，心摧泪如雨。
万人系盘石，无由达江浒。
君看石芒砀，掩泪悲千古。

——唐　李白《丁督护歌》

这首诗全然不见李白的浪漫与乐观、骄傲与自信，仿佛带着无尽的哀愁和伤感。两岸云集的富商和悲苦的拉纤河工，这一强烈的反差，如同一块巨石，压在他的心上。他能做什么呢？除了为他们流下热泪，写下诗歌，李白什么也做不了。

到江南，李白还有一件重要的事要做，那便是拜访对他有知遇之恩的“诗狂”贺知章。

谁知，这次拜访让李白大失所望，贺知章此时已经病故。李白内心深处抱着深深的遗憾，他感叹，自己再也见不到那位放旷纵诞、豁达潇洒的贺监了。为了纪念贺知章，李白写下《对酒忆贺监二首·其二》：

狂客归四明，山阴道士迎。
敕赐镜湖水，为君台沼荣。
人亡余故宅，空有荷花生。
念此杳如梦，凄然伤我情。

——唐　李白《对酒忆贺监二首·其二》

斯人已逝，一起逝去的，还有那段美妙的岁月，那个锦绣的时代。

浮云蔽日

从天宝三载（744 年）至天宝十载（751 年），李白的行踪遍布河南、山东、安徽、江苏、浙江等地，旅行带给他一程又一程的惊喜。然而，月明星稀，登高望远时，他还是会向西北望去。帝都长安，是他心中的一个结。

这七八年间，长安的朝堂发生着翻天覆地的变化，乌云渐渐聚集在长安城的上空，时代的齿轮朝着相反的方向转动，所有人的命运都将被现实裹挟。

天宝四载（745 年），玄宗册立杨玉环为贵妃，从此杨氏家族势力迅速崛起。杨玉环的远房兄弟杨钊，本来混迹市井，被赐名杨国忠，得到重用，青云直上，身兼度支郎中等十余职，后来升为宰相，权势滔天。

天宝五载（746 年），在李林甫的设计下，河西节度使皇甫惟明和太子妃韦氏的哥哥——刑部尚书韦坚被杀，宰相李适之被贬黜，太子李亨被迫与太子妃离婚。在此案中，李白的几位朋友都受到牵连，其中就有《饮中八仙歌》中的左相李适之，他先是被

《玄宗贵妃奏笛图立轴》
明　佚名

罢相，后又被贬为宜春太守，最后服毒自尽。李邕、裴敦复、崔成甫等先后被杀害，朝堂之上一时人心惶惶。

天宝六载（747 年），输掉石堡城一役的主帅董延光将锅甩给王忠嗣，令唐玄宗震怒，于是下诏令王忠嗣交出兵权，听朝廷发落，“令三司推讯之，几陷极刑”。天宝八载（749 年），曾经“佩四将印，控制万里，劲兵重镇，皆归掌握”的一代名将王忠嗣含恨暴卒，年仅 45 岁，大唐王朝军事安全的基石严重受损。

与此同时，安禄山军事集团迅速崛起。天宝元年（742 年）正月，安禄山被任命为平卢节度使，在宰相李林甫的栽培下，从此平步青云，一路开挂。

到了天宝十载(751 年),安禄山的势力达到巅峰，平卢、范阳、河东三镇悉为他所有，拥兵 18 万余，十大战区 49 万精锐之师，近三分之一为他所掌握。

天宝十载（751 年），杨国忠与李林甫在朝中已经形成势不两立的两股势力,时局变得更加晦暗危险。

而此时,安禄山虽然握有雄兵,却还是不敢反叛,因为在政治上，他信任又忌惮节制他的李林甫；在军事上，他忌惮西平郡王哥舒翰，更忌惮朝廷另外

30 万精兵强将。

可老天，偏偏赐给他良机。

因安禄山的朝廷靠山李林甫病逝，杨国忠上位，安禄山的政治环境陡然生变。

天宝十四载（755 年）春，意气风发的哥舒翰酒后中风致身体不能行动，只能在家养病。于是东西平衡的军事局面变成了安禄山一家独大。

而最致命的，是唐王朝与南诏小国的战争。

天宝十载（751 年），西南小国南诏国在吐蕃王国的支持下反叛，唐玄宗李隆基派鲜于仲通为帅，率精兵八万伐南诏。南诏之战，史称“天宝战争”第一战。战争发生地在洱海地区，结果唐军大败，主帅鲜于仲通弃军而逃，八万唐军魂丧洱海。

天宝十三载（754 年），李隆基命剑南留后李宓率七万唐军，二征南诏。结果唐军被合围在太和城下，七万精锐部队全军覆没。南诏战争，不仅使大唐王朝彻底失去了对西南地区的控制权，损失了大量精兵良将，更向安禄山军事集团暴露了大唐王朝政治上的脆弱、战斗力的低下和军事上的无能。

夕阳西下，血色黄昏，凛冬将至！身处江湖之

远的李白也隐隐感受到了从长安刮来的刺骨寒风。

天宝六载(747年),李白来到金陵,一游凤凰台。

驻足其上，李白陷入沉思。当年这里凤凰悠游，百鸟争鸣。可如今，凤凰远去，楼台空空，唯有那长江水滚滚东流。三国时期那气势恢宏的吴宫，高贵无比的晋代王公贵族，如今不过是荒草幽径、黄土古丘，只有这大自然亘古长存。思绪万千中，李白写道：

凤凰台上凤凰游，凤去台空江自流。
吴宫花草埋幽径，晋代衣冠成古丘。
三山半落青天外，一水中分白鹭洲。
总为浮云能蔽日，长安不见使人愁。

——唐　李白《登金陵凤凰台》

天宝八载（749年），金陵大雪。清冷的夜晚，李白收到好友王十二写来的《寒夜独酌有怀》。此时，李白刚刚三杯温酒下肚，思绪纷飞如同漫天的雪花。于是，就有了这首洋洋洒洒的《答王十二寒夜独酌

《雪山兰若图》
北宋　郭熙

有怀》:“昨夜吴中雪，子猷佳兴发。万里浮云卷碧山，青天中道流孤月。孤月沧浪河汉清，北斗错落长庚明。怀余对酒夜霜白，玉床金井冰峥嵘。人生飘忽百年内，且须酣畅万古情。君不能狸膏金距学斗鸡，坐令鼻息吹虹霓。君不能学哥舒，横行青海夜带刀，西屠石堡取紫袍……君不见李北海，英风豪气今何在?君不见裴尚书，土坟三尺蒿棘居。少年早欲五湖去，见此弥将钟鼎疏。”

此时，李白已经快 50 岁了，他的创造力、想象力，依然处在巅峰。哪怕隔着一千多年的时空，我们都能感受到这些文字的穿透力和感染力。文字里，跳动着一颗桀骜不驯的心，一个孤高冷傲的灵魂，一份世人皆醉我独醒的清醒。

天宝十载（751 年），李白决定走边塞，赴幽州，建军功。

他觉得，他还年轻，他的内心深处，依然住着一个少年!

10

雄心如初

一朝英雄拔剑起，又是苍生十年劫。战争是巨大的苦难，战争的双方要付出巨大的代价，毁灭一切的代价。

幽州之忧

幽州，中国古九州之一，其核心区在今天的北京，是战国七雄之一燕国的属地，后几度易名，唐朝时重新设置为幽州。

隋唐大运河开通之后，幽州成为京杭大运河的北方起点，自此，幽州迅速崛起，成为北方的交通中心、军事重镇和商业都会。

天宝年间，由于唐玄宗的绝对信任，幽州兵权掌握在身兼平卢、范阳和河东三镇节度使的安禄山一人手中。此时，他正暗中厉兵秣马，培植势力，储备物资，为造反作着充足的准备。与此同时，安禄山还在全国各地招募文人谋士。

就是在这样的背景下，李白来到了幽州。

北上幽州，李白一开始带着满心的向往和憧憬。唐朝有不少通过在边塞建功立业而求取仕途的文人，如王翰、崔颢、王昌龄、高适、岑参等，从而形成了唐朝诗歌的另一个流派——边塞诗派。边塞诗以军旅生活为主要题材，或描写独具特色的边塞风光，或抒发戍边将士的爱国或思乡之情，给人以苍凉独特的美感。那“北风卷地白草折，胡天八月即飞雪”（岑参《白雪歌送武判官归京》）的边塞风光，“葡萄美酒夜光杯，欲饮琵琶马上催”（王翰《凉州词二首·其一》）的战争生活，“相看白刃血纷纷，死节从来岂顾勋”（高适《燕歌行》）的悲壮勇敢，“但使龙城飞将在，不教胡马度阴山”（王昌龄《出塞二首·其一》）的英雄气概，深深吸引着李白。

带着“不然拂剑起，沙漠收奇勋”（《赠何七判官昌浩》）的梦想，天宝十载（751 年）秋，年过半百的李白开始了北上之路。他从汴州出发，一路经过相州、洺州、魏州、深州，最终到达幽州，前前后后走了一年的时间。一路上，他听到了许多安禄山要造反的传闻，这让李白的心中有了隐隐的不安。半路上，他遇到朋友于逖和裴十三，朋友纷纷劝他，不要以身犯险，此时幽州已是虎狼之地，可是李白还是毅然决定前行。他在赠别诗中告诉自己的朋友：“且探虎穴向沙漠，鸣鞭走马凌黄河。”（《留别于十一兄逖裴十三游塞垣》）别人说的，他都不信，他要自己去探个究竟。

天宝十一载（752 年）秋，李白到达幽州。

初到北方边塞，一股苍凉的气息扑面而来。这里山川寂寥，天寒地冻，将士们的生活很艰苦。整个幽州，就像一个大军营，所有的人都在忙着运送军用物资，打造兵器，训练马匹，招募、训练新兵，像是在为一场大战作准备。看到此情此景，李白忧心忡忡。后来，李白在诗中回忆起他当时的心情："十月到幽州，戈铤若罗星。君王弃北海，扫地借长鲸。呼吸走百川，燕然可摧倾。心知不得语，却欲栖蓬瀛。弯弧惧天狼，挟矢不敢张。揽涕黄金台，呼天哭昭王。无人贵骏骨，绿耳空腾骧。乐毅倘再生，于今亦奔亡。"（《经乱离后天恩流夜郎忆旧游书怀赠江夏韦太守良宰》）

这就是李白的幽州之行，他带着一腔抱负前来，却被现实狠狠打脸。为什么？为什么山雨欲来，风暴将至，煌煌大唐还沉浸在岁月静好的幻梦里？为什么所有的治理机制、监督机制、安全机制全部失灵？

李白找不到答案，他毫无办法，更不敢向人倾诉，一个不小心，他就有可能被安禄山抓去砍头。他只能将心烦意乱托付给诗，以一位北方妇女的口吻，通过表达对丈夫战死的悲愤心情，来隐晦揭露和抨

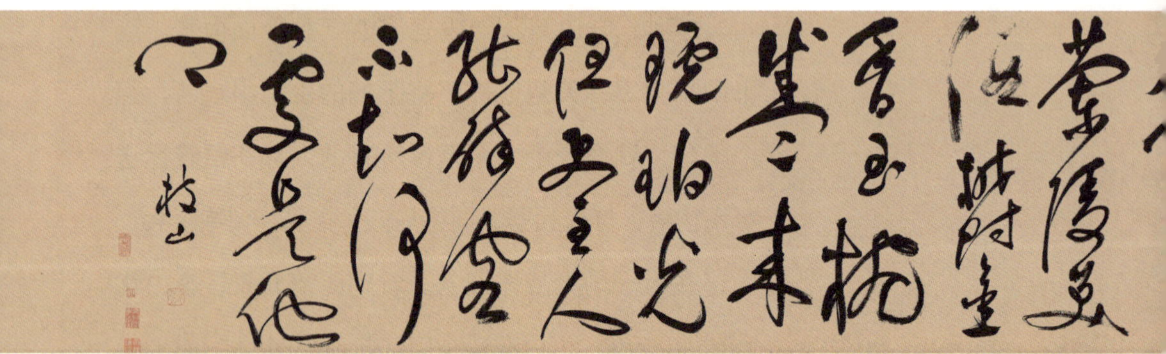

《草书李白诗二首》 明 祝允明

击安禄山在北方的胡作非为。

烛龙栖寒门，光耀犹旦开。
日月照之何不及此，惟有北风号怒天上来。
燕山雪花大如席，片片吹落轩辕台。
幽州思妇十二月，停歌罢笑双蛾摧。
倚门望行人，念君长城苦寒良可哀。
别时提剑救边去，遗此虎文金鞞靫。
中有一双白羽箭，蜘蛛结网生尘埃。
箭空在，人今战死不复回。

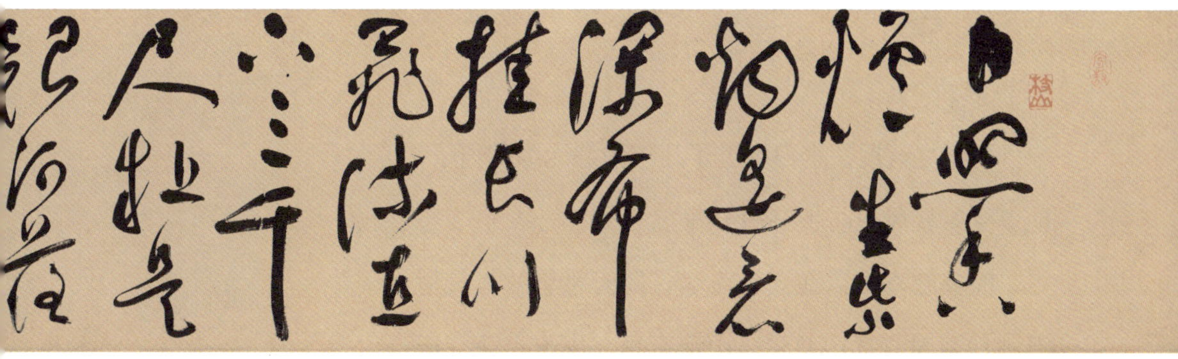

不忍见此物，焚之已成灰。

黄河捧土尚可塞，北风雨雪恨难裁。

——唐　李白《北风行》

以《北风行》为标志，李白的幽州之行结束了。

“日惨惨兮云冥冥，猩猩啼烟兮鬼啸雨。”“君失臣兮龙为鱼，权归臣兮鼠变虎。”“苍梧山崩湘水绝，竹上之泪乃可灭。”在《远别离》一诗中，李白深深感觉到，王朝的凛冬要来了。

大浪扁舟

幽州之行后，李白度过了几年清静无为的日子，他享受着暴风雨前少有的宁静。

他登敬亭山，在众鸟飞尽、白云悠悠的天气里孤独地面对着远山叠翠，山河万里。出走半生，历尽千帆后，他终于发现，山依然是山，水依然是水，生活的本质是质朴的，诗意的生活不需要过多的排场，就像此时此刻，一天，一地，一山，一人，足矣！他用一种朴素的语言来表达自己的心情：

众鸟高飞尽，孤云独去闲。
相看两不厌，只有敬亭山。

——唐　李白《独坐敬亭山》

族叔李云出使东南，路过宣城。李白与他同登谢朓楼，把酒话别。见到李云，又勾起了李白对前尘往事的回忆。原来，他在宣州的宁静岁月是不真实的，国家的太平盛世也是不真实的，他思绪纷飞，信手提笔：

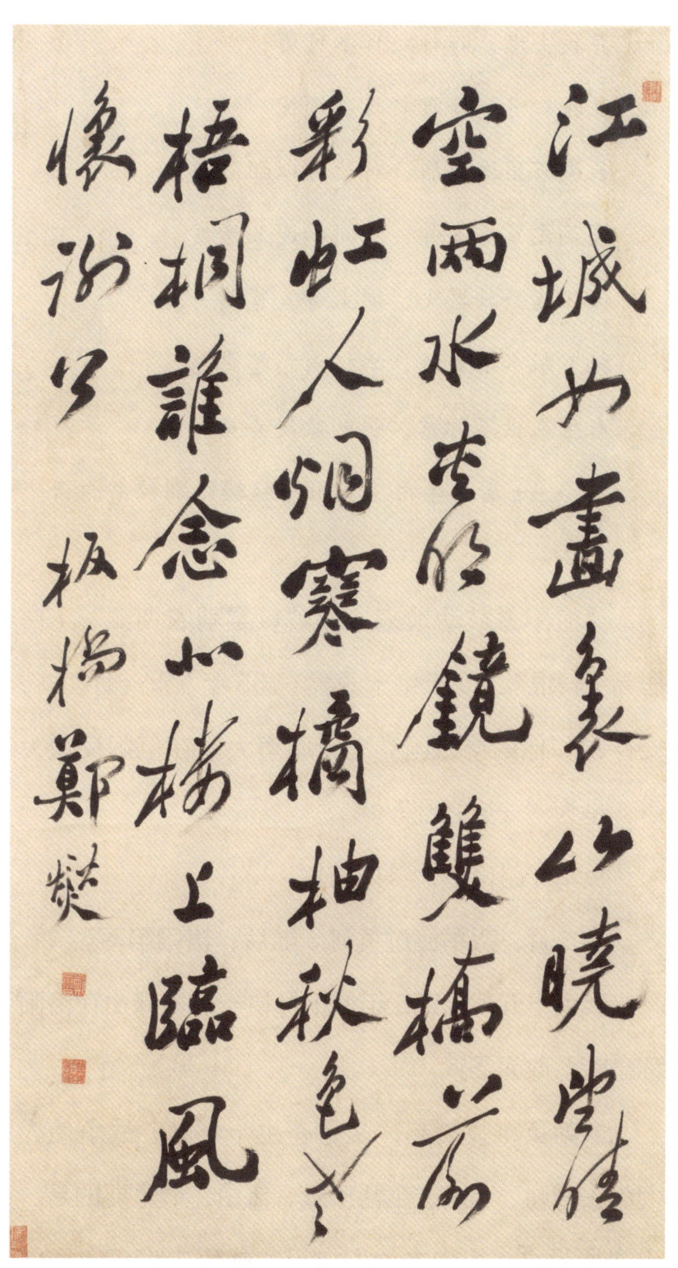

《行书李白秋登宣城谢朓北楼》轴　清　郑燮

弃我去者，昨日之日不可留；

乱我心者，今日之日多烦忧。

长风万里送秋雁，对此可以酣高楼。

蓬莱文章建安骨，中间小谢又清发。

俱怀逸兴壮思飞，欲上青天览明月。

抽刀断水水更流，举杯消愁愁更愁。

人生在世不称意，明朝散发弄扁舟。

——唐　李白《宣州谢朓楼饯别校书叔云》

“渔阳鼙鼓动地来，惊破霓裳羽衣曲。”（白居易《长恨歌》）天宝十四载（755年）十一月初九，安禄山和他的得力同党史思明率大军在范阳反叛大唐，是为“安史之乱”。

叛军一路南下，势如破竹。

十二月，叛军渡过黄河。随后，洛阳陷落。

天宝十五载（756年）正月初一，安禄山在洛阳称皇帝，改元圣武。

一朝英雄拔剑起，又是苍生十年劫。战争使人们失去钱财、名声、生活质量、自由，最重要的是，失去所爱之人，失去他们自己。战争中许多东西都会变得匮乏，但绝不会匮乏的是痛苦、泥浆、血液和死亡——成千上万的死亡。

战争爆发的时候，李白正在金陵。他心急如焚，此刻他的妻子宗氏还在梁园，儿女还在鲁中。李白顾不得许多，他是诗人，但更是丈夫和父亲，他怎么能在南方苟且偷安?

于是他逆着逃难的人群北上，历尽艰险，受尽磨难，终于在梁园接到了宗夫人。那时，洛阳已经失陷，道路被阻，他无法前往鲁中接儿女。他只好带着妻子向西逃亡，入函谷关，上华山避难。最终，他们于天宝十五载（756 年）回到宣城。

哪怕在这样朝不保夕的岁月里，李白心心念念的还是有朝一日能报效朝廷。他在南方避祸，却依然写下许多心忧天下的诗歌，如《猛虎行》：“朝作《猛虎行》，暮作《猛虎吟》。肠断非关陇头水，泪下不为雍门琴。旌旗缤纷两河道，战鼓惊山欲倾倒。秦人半作燕地囚，胡马翻衔洛阳草。一输一失关下兵，朝降夕叛幽蓟城。巨鳌未斩海水动，鱼龙奔走安得宁？”

在诗中，他既为战争局势感到担忧，也为百姓罹难感到悲愤，更为唐玄宗临阵弃将怒杀名将高仙芝，听从杨国忠意见，迫使哥舒翰贸然出潼关作战，导致潼关失守，战争形势急转直下而感到痛苦。

可是他，偏偏报国无门，匡君无路。

“安史之乱”，改变了三位诗人的命运。满腔抱负的杜甫面对乱局一心效忠，却在战火纷飞中被捕入狱。好不容易出了狱，又在营救友人的过程中得罪了唐肃宗，最终前途晦暗，一生潦倒。高适则投奔在西北名将哥舒翰的门下，又随玄宗入蜀，后得到唐肃宗的青睐，委以重任，被封为节度使平定永王之乱。他从此官运亨通，最后被封为渤海县侯，食邑七百户。

而李白，则在“安史之乱”中险些丢了性命。

《明皇幸蜀图》 明 吴彬

浔阳之难

天宝十五载（756年）六月，叛军攻陷潼关，长安危在旦夕。形势逼人，唐玄宗在杨国忠的建议下，决定放弃都城长安，前往蜀中避难。行至马嵬驿（今陕西兴平）时，由于天气炎热、粮食短缺，将士们在龙武大将军陈玄礼的煽动下发动兵变，致使杨国忠被杀。在将士们的逼迫下，唐玄宗亲自下旨，杨国忠的堂妹——贵妃杨玉环，被高力士绞死在佛堂前的梨花树下，史称“马嵬驿兵变”。

唐玄宗认为太子李亨是这次事件的主谋，父子二人在马嵬驿分道扬镳，玄宗向南逃往四川，而李亨则北上整顿残兵败将。七月，李亨在灵武自立为帝，是为唐肃宗，改元至德，并遥尊唐玄宗为太上皇。

至此，长安陷落，君储逃亡，“安史之乱”达到最高峰。

此时，李白正和妻子宗氏在庐山隐居，以避战乱。在隐居庐山屏风叠的那些日子里，李白并非悠闲自得、随遇而安。大唐存亡未卜，百姓生死茫茫，他的心，焦灼而痛苦，他多想为拯救天下苍生做点事。

《马嵬八景图》 明 沈周

不久，机会来了！

奔蜀途中，唐玄宗还不知道太子李亨已经登基称帝，他专门下诏，任命太子为天下兵马大元帅，又让三个儿子永王李璘、盛王李琦、丰王李珙同时出任节度使，以分太子的权力。

接到诏令后，执掌山南东道、岭南道、黔中道、江南西道军政大权的永王李璘便雄心勃勃地开始集结军队、招募士兵了。

政治局势顿时变得更加复杂。太子李亨已经登基称帝，可是他有发动政变强取帝位的嫌疑，永王李璘必然不服。太上皇对李亨的擅自登基无法接受，这个时候又不能父子反目，于是便开始扶持永王李璘，比李亨小九岁的李璘被推到了李亨的对立面。而手握军政大权的永王，一定会让新帝唐肃宗如鲠在喉。

最是无情帝王家。在权力的争夺中，哪一方不是冷酷无情，痛下杀手？

李白就这样闯进了政治的旋涡中。

永王的军队路过浔阳（今江西九江）时，永王派谋士韦子春三上庐山邀请李白入幕。

在韦子春的再三邀请下，李白动了心。“终与安社稷，功成去五湖。”（《赠韦秘书子春》）他决定下庐山入永王幕府。

可是，妻子宗夫人却表示反对，宗夫人出身官宦世家，政治嗅觉敏锐，她认为，现在政治形势十分复杂，一不小心就会陷入“政治站队”的旋涡之中。现如今兵荒马乱，她和李白从来都是聚少离多，现在她只希望在庐山，过几天平平静静的日子。

可是，李白哪里听得进宗夫人的劝阻。

在与妻子告别时，他写下三首诗：

王命三征去未还，明朝离别出吴关。
白玉高楼看不见，相思须上望夫山。

——唐　李白《别内赴征三首·其一》

出门妻子强牵衣，问我西行几日归？
归时倘佩黄金印，莫见苏秦不下机。

——唐　李白《别内赴征三首·其二》

《草书李白古风诗卷》　明　王宠

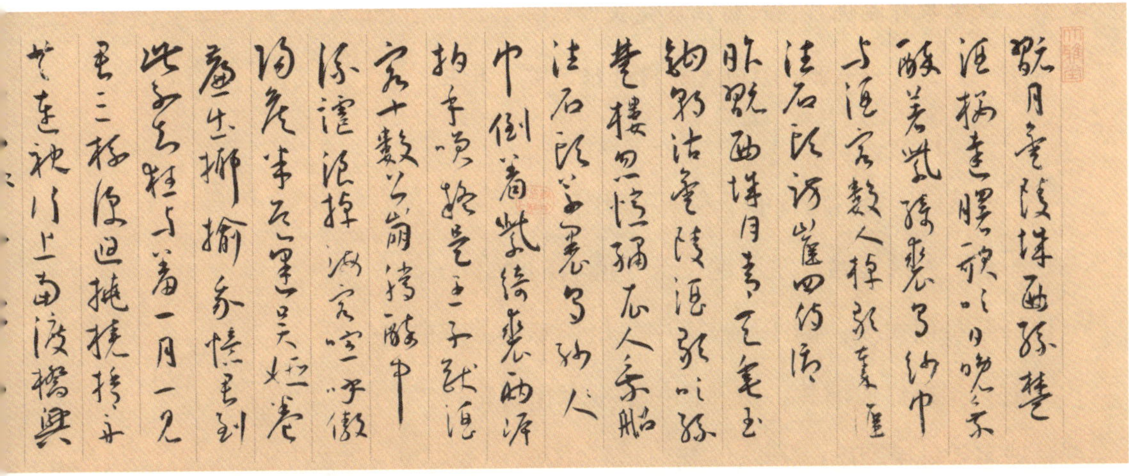

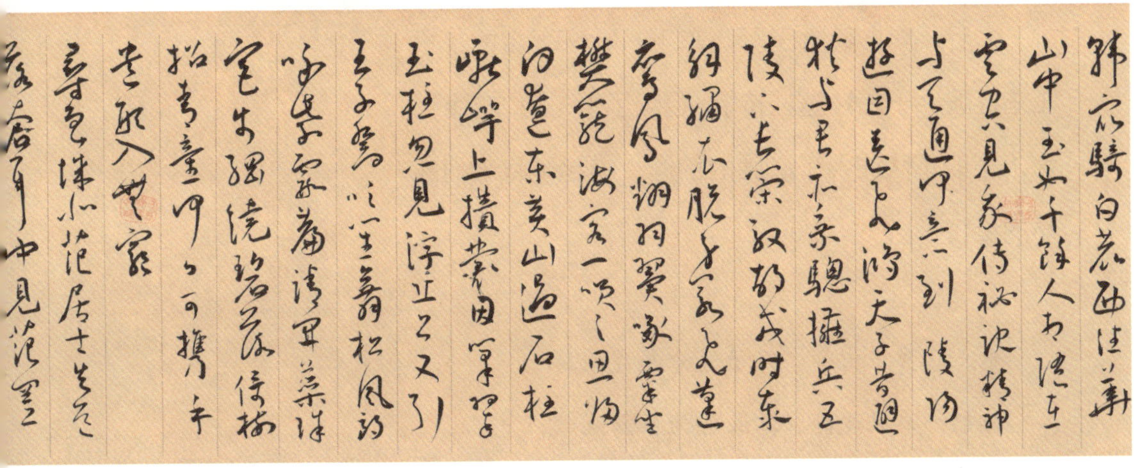

翡翠为楼金作梯，谁人独宿倚门啼？

夜坐寒灯连晓月，行行泪尽楚关西。

——唐　李白《别内赴征三首·其三》

就这样，李白跟着韦子春下了庐山。

永王大摆筵席，欢迎这位天下闻名的大才子。也许是蛰伏太久，也许是被军中气氛所感染，李白此时只觉得热血沸腾。仿佛，扫平叛军指日可待，功成名就触手可及。

之后，李白随永王军队东下，写下著名的《永王东巡歌十一首》。这些诗歌，赞颂了永王的“功绩”，为永王的军队注入了必胜的信念，唤起了将士们高昂的士气：

永王正月东出师，天子遥分龙虎旗。

楼船一举风波静，江汉翻为雁鹜池。

——唐　李白《永王东巡歌十一首·其一》

二帝巡游俱未回，五陵松柏使人哀。

诸侯不救河南地，更喜贤王远道来。

——唐　李白《永王东巡歌十一首·其五》

长风挂席势难回，海动山倾古月摧。

君看帝子浮江日，何似龙骧出峡来？

——唐　李白《永王东巡歌十一首·其八》

永王看了这些诗歌后，甚为得意。李白果然不是浪得虚名，有他为自己摇旗呐喊，军队必定势如破竹，无往而不胜。很快，永王李璘就形成了以江陵（今湖北荆州）为中心的新的军事政治集团，大有和在灵武的唐肃宗分庭抗礼之势。

永王权势滔天，唐肃宗日夜不安。时局混乱，他绝不允许手握重兵的永王与自己分庭抗礼，威胁到自己的皇位。至德二年（757 年）初，肃宗下旨，命令永王回蜀中侍奉太上皇。永王抗旨不从，依旧率十万大军东巡。

很快，唐肃宗就任命高适为扬州大都督府长史、淮南节度使，掌管广陵十二郡的所有军政事务，专门负责讨伐永王。

在中央朝廷军的左右夹击下，李璘的军队接二连三吃败仗，很快就分崩离析。李璘败走，逃往岭南，在大庾岭中箭被捕，随后被江西采访使皇甫侁处死，其子也被敌军所杀。

可怜的李白，他才刚刚在李璘的幕府工作了两个月，却落了个叛逆的罪名，只能四处逃亡。

这一次，李白真正见识到了政治的厉害：“汉谣一斗粟，不与淮南舂。兄弟尚路人，吾心安所从？”（《箜篌谣》）

永王被杀后，肃宗下令清除余党。李白写的《永王东巡歌十一首》成了他叛逆的最好证据，他无论如何都脱不了干系。很快，在彭泽，李白被捕，以“附逆作乱”的罪名被投入浔阳大狱。

57 岁的李白，在监狱里痛哭流涕。难道，他要稀里糊涂地死在这大牢里，身上还要背负一个叛逆的千古罪名？

11

生命长歌

一个人只要精神不老，他就永远年轻。

绝处逢生

被关在浔阳大狱的那段日子，是李白一生中的至暗时刻。

宗夫人听到李白被抓的消息，心急如焚。于是，她不惜翻越险峻陡峭的吴章岭，风尘仆仆赶到浔阳。

宗夫人找到了刚好在浔阳“收补遗逸”的同中书门下平章事（宰相）兼江南宣谕选补使崔涣。崔涣收到诉状后，对李白的遭遇很是同情，更十分怜惜李白的诗才，答应出手相助。

幸运的是，李白作为大诗人的名头太响。在他的一再恳求下，狱中看守给他送来了笔墨纸砚，还会给他传递消息。于是，宗夫人将好消息传给李白，叫他不必害怕，她会把他救出去。

绝境之中，收到宗夫人的消息，李白仿佛在无边的黑暗里看到了一束光。他悔不该当初不听夫人的劝告，跟那该死的韦子春下庐山，闯下弥天大祸。百感交集下，他在狱中写诗给宗夫人。

《浔阳秋色图》　明　陆治

闻难知恸哭，行啼入府中。
多君同蔡琰，流泪请曹公。
知登吴章岭，昔与死无分。
崎岖行石道，外折入青云。
相见若悲叹，哀声那可闻？

——唐　李白《在浔阳非所寄内》

李白在狱中，度过了上百个日日夜夜。崔涣那边始终没有消息，李白不想这样坐以待毙。于是，

李白决定给高适写信，并托秀才张孟熊送信。不久，张孟熊赶到广陵，专门向高适呈上李白亲笔所写的《送张秀才谒高中丞》。

高适打开信，13 年前的情景突然闯进了他的脑海，掀起他内心阵阵波澜。

那是天宝四载（745 年），他和李白、杜甫同游汴州，共同度过了一段诗酒好年华。而如今，时过境迁，他身居高位，成为新皇唐肃宗的宠臣，李白则糊里糊涂下了大狱，甚至有性命之忧。现在正处于政治敏感期，新皇位置不稳，天下动荡，他贸然出手相救，很可能会引起肃宗的怀疑，导致自己的地位不保。政治，有时就是走钢丝，一个不小心，就可能栽跟头。自己费尽心力、历经磨难，撞了大运才到今天的高位，他不想有任何闪失。

秀才张孟熊最终没有得到高适的答复，只得空手而回。

生死攸关下，也有人选择挺身而出。李白故友宋之悌之子宋若思奉命率军北上河南平叛，路过浔阳，他和崔涣共同努力，多方奔走，上下说情，终于将李白营救出狱。

李白重新回到人间，他顿时感到天又蓝了，花又开了，连空气都是甜的，生活又重新充满了色彩。

除了写诗，李白还健忘。他再次动了辅弼天下、报效朝廷的念头，他以宋若思的名义，写了篇将自己推荐给朝廷的文章《为宋中丞自荐表》。文章洋洋洒洒，狠狠地把自己包装了一番：

“属逆胡暴乱，避地庐山，遇永王东巡胁行，中道奔走，却至彭泽，具已陈首。前后经宣慰大使崔涣及臣推覆清雪，寻经奏闻。”

他说自己是被永王胁迫上的贼船，根本不是自愿下庐山做永王的幕僚。

“怀经济之才，抗巢由之节，文可以变风俗，学可以究天人。一命不沾，四海称屈。”

他把自己夸成了一枝花，说自己既有经世济民的才能，又有高人逸士的节操。他的文章可以变风俗，他的才学可以上究天人，他的命运如果被给予不公正的待遇，四海都会为他叫屈。

“伏惟陛下大明广运，至道无偏，收其希世之英，以为清朝之宝。”

他说自己如果能被陛下重用，必会像举世无双的珍宝被看重一样，带来天下归心。文章的最后，他还直截了当地向皇帝讨了一个京官的位置，“特请拜一京官”。

这就是李白，刚刚才虎口脱险，就好了伤疤忘了疼。对于朝廷，他还抱有天真的幻想。

流放夜郎

之后的日子，由于朝廷并无起用他的消息，李白又生病，他便离开了宋若思的幕府，前往宿松养病。听说张镐大败叛军的消息，李白抑制不住内心的激动。他写下《赠张相镐二首》，希望张镐在朝廷能帮他说说话，让他有东山再起的机会。

“一生欲报主，百代期荣亲。其事竟不就，哀哉难重陈。卧病宿松山，苍茫空四邻。风云激壮志，枯槁惊常伦。”

殊不知，李白的这番操作不仅没能为他谋得一官半职，反而触动了唐肃宗的逆鳞。大敌当前，叛贼未诛，唐肃宗最需要的是会打胜仗的良将，能调度粮草兵马的能臣，还有死不变节的忠臣，对李白，唐肃宗可是厌烦透顶。可他还这样不识时务，一而再，再而三地来向自己要官，还要当京官，这可把唐肃宗气坏了。

李白最终感受到了天子的怒火，他被流放三千里，至夜郎（今贵州桐梓）。

乾元元年（758 年），就在举国上下沉浸在成功收复长安、洛阳的喜悦中时，58 岁的李白，与宗夫人和妻弟宗璟无奈告别，从浔阳上船，凄凄惨惨地开始了他的流放之路。

夜郎距离浔阳有千里之遥。山迢迢，水迢迢。李白将逆流而上，经过江夏、江陵、三峡进入蜀地，最后再百转千回抵达夜郎。

流放路上，李白遇到了当年翰林院的朋友辛判官。两人对饮，不知不觉酩酊大醉，过往的种种让李白心生无限感慨，他当即写下一首赠诗：

昔在长安醉花柳，五侯七贵同杯酒。
气岸遥凌豪士前，风流肯落他人后？
夫子红颜我少年，章台走马著金鞭。
文章献纳麒麟殿，歌舞淹留玳瑁筵。
与君自谓长如此，宁知草动风尘起？
函谷忽惊胡马来，秦宫桃李向胡开。
我愁远谪夜郎去，何日金鸡放赦回？

——唐　李白《流夜郎赠辛判官》

就这样，一路走走停停，一路写诗喝酒，李白硬生生凭一己之力，将一段艰辛绝望的流放之旅，变成了一段苦中作乐的山水人文之旅。

《浔阳八景图》 明 唐寅

万里归途

乾元二年（759 年）春，“安史之乱”第四年，因关中大旱，唐肃宗发布赦令：死罪从流，流罪以下一律放免。

李白的命运因为这个赦令发生巨大的逆转。

他自由了！

对于一个蹲了一年多大狱，品尝过流放三千里滋味的人来说，重获自由的激动和喜悦完全无法用语言来形容。

自由！自由！他丢了它很久，而今又重新找回了它！

他还好好地活着，他要赶紧乘船返家，去见他的妻子，去见他的朋友，去和他们互诉衷肠。他仿佛一下子重新获得了青春，过去的阴霾一扫而光，他把自己的喜悦和激动密密地写进诗行里：

朝辞白帝彩云间，千里江陵一日还。

两岸猿声啼不尽，轻舟已过万重山。

——唐　李白《早发白帝城》

这首诗饱含明亮感、欢快感和速度感，读之让人感到，李白仿佛一夜之间年轻了 30 岁，他又变成了那个勇往直前、憧憬一切的美好少年。

李白觉得，他还年轻，他的大脑还很灵活，他的身体里还藏着剑气，他的心中还涌动着激情。你看，他写的这首《临江王节士歌》：

洞庭白波木叶稀，燕鸿始入吴云飞。
吴云寒，燕鸿苦，
风号沙宿潇湘浦，节士悲秋泪如雨。
白日当天心，照之可以事明主。
壮士愤，雄风生，
安得倚天剑，跨海斩长鲸。

——唐　李白《临江王节士歌》

“安得倚天剑，跨海斩长鲸。”李白觉得，一个人只要精神不老，他就永远年轻。随时随地，只要国家需要，他都可以奉上他的热情、他的辛劳、他的生命。

可是，这个国家不需要他的抱负。

上元二年（761 年），朝廷命李光弼举兵收复洛阳，扫除史朝义叛军。李白再次振奋，他多想加入这支光荣的队伍，实现平生抱负。可是，行至半路，他病倒了，一度靠朋友接济度日。

现在，他既无倚天剑，也无壮士身，只拖着一个病恹恹的身体，几卷厚厚的诗稿。到最后，连日常生活都变得窘迫起来。

无奈之下，他前往当涂，投靠族叔李阳冰。

宝应元年（762 年），玄宗和肃宗相继病故，唐代宗李豫继位。

同年秋，李白病重，他自知时日无多，便将随身的诗稿托付给李阳冰，希望他能整理成集并为之作序。

“大鹏一日同风起，扶摇直上九万里。”（《上李邕》）

李白一生最爱大鹏鸟，那只可以上天入地、扶摇直上、无拘无束的大鸟，是他精神的化身。而今天，这只大鹏鸟老了，飞不动了，终于要停歇下来了。

他赋《临路歌》，绽放了他生命的最后一缕光彩，便与世长辞，享年 62 岁。

大鹏飞兮振八裔，中天摧兮力不济，

余风激兮万世。

游扶桑兮挂左袂。后人得之传此，

仲尼亡兮谁为出涕？

——唐　李白《临路歌》

一个时代的浪漫就此终结。

李白死后，葬在了当涂采石江边。之后永王案被平反，李白被追授左拾遗。

贞元十五年（799 年），李白逝世 37 年后，一位叫白居易的年轻诗人专程到当涂祭奠李白。他眼含热泪、饱含深情，感叹李白的一生，写下：

采石江边李白坟，绕田无限草连云。

可怜荒垄穷泉骨，曾有惊天动地文。

但是诗人多薄命，就中沦落不过君。

——唐　白居易《李白墓》

万物速朽。再豪华、再坚固的坟墓，也抵不过时间的侵蚀和盗墓贼的“光临”。

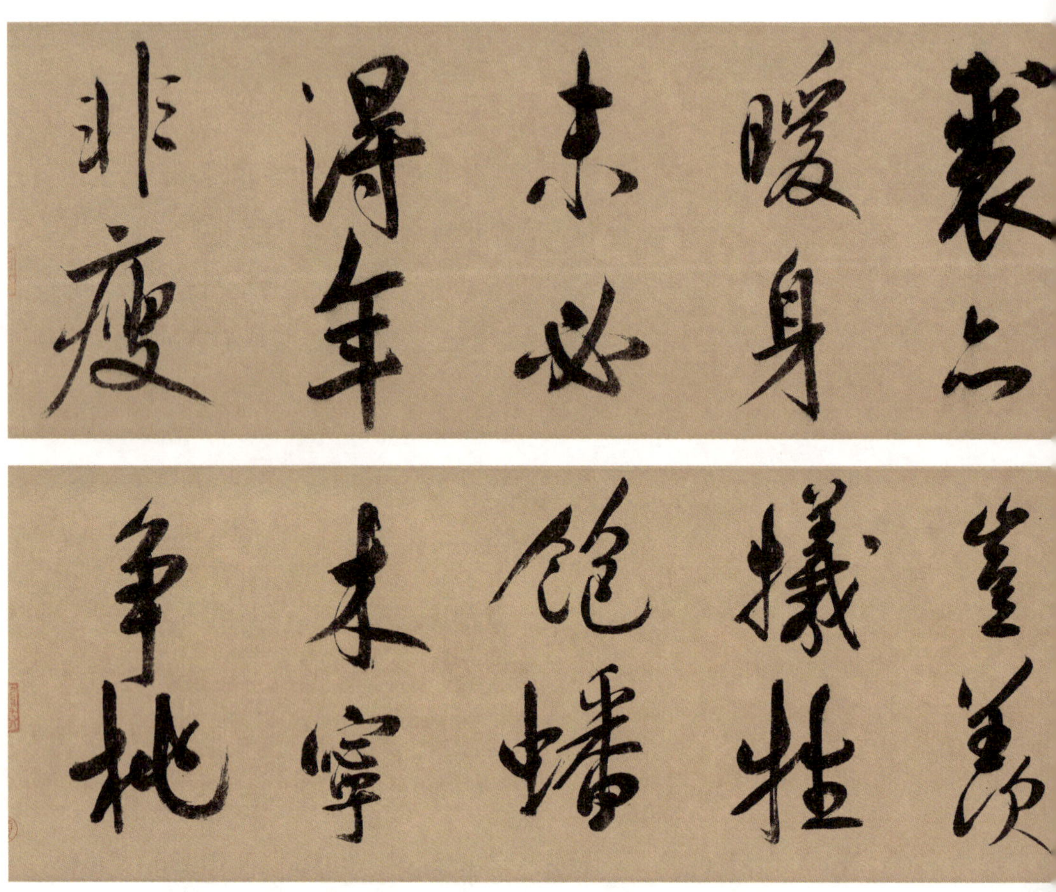

《行书白居易诗卷》 南宋 赵构

真正不朽的，是李白一首又一首“惊天动地”的诗。那些诗，隔着千年的时空，你依然可以感觉到它的温度，它的浪漫，它的无与伦比。

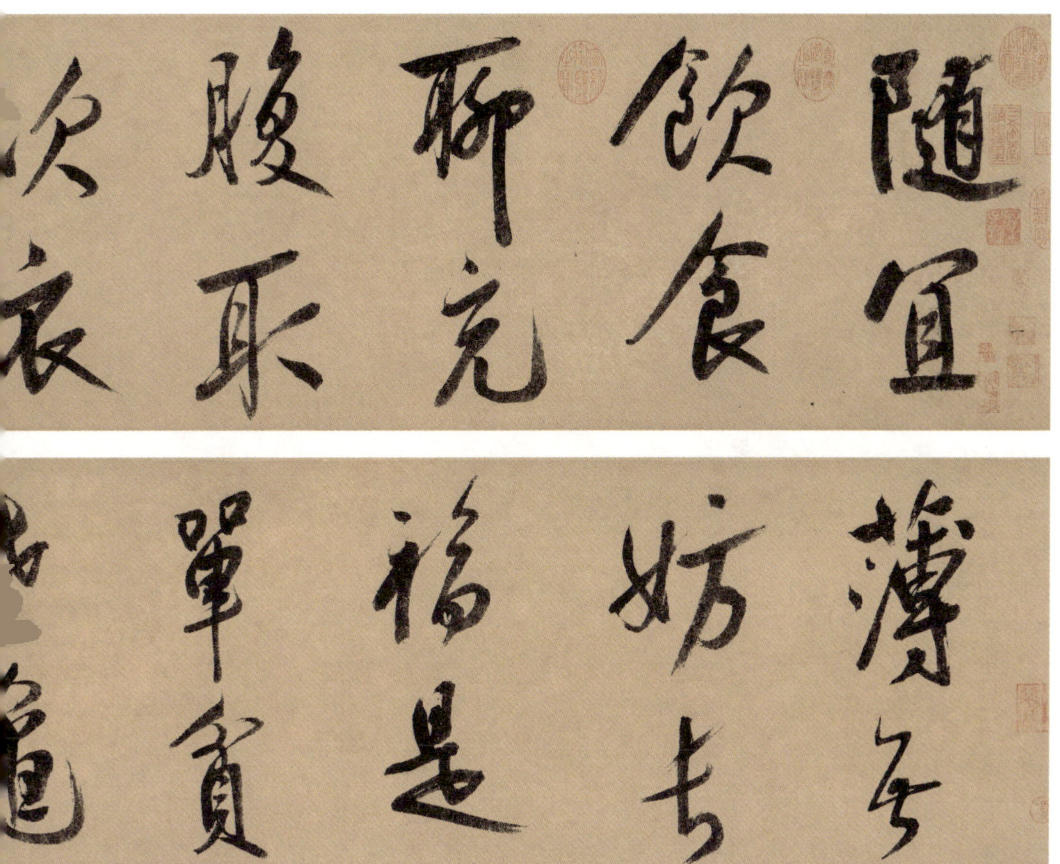

透过这些诗，你更可以读懂一个伟大的灵魂，透明如水晶，热情如火焰，激荡如江海！

我们坚信，只要诗在，李白就永远在！

图书在版编目（CIP）数据

李白画传 / 朱虹，曹雯芹著 . — 南昌：江西美术出版社，2024. 9.— （中国历史文化名人画传系列）.

ISBN 978-7-5480-9088-5

Ⅰ . K825.6-64

中国国家版本馆 CIP 数据核字第 2024CD3005 号

出 品 人　刘　芳
项目统筹　方　姝
责任编辑　姚屹雯　舒逸熙　李安琪
责任印制　谭　勋
书籍设计　韩　超　胡文欣　先鋒設計
封面插图　谭崇正

李白画传 LI BAI HUAZHUAN
中国历史文化名人画传系列 ZHONGGUO LISHI WENHUA MINGREN HUAZHUAN XILIE
朱　虹　曹雯芹 / 著

出　版：江西美术出版社
地　址：南昌市子安路 66 号
邮　编：330025
电　话：0791-86566309
网　址：www.jxfinearts.com
经　销：全国新华书店
印　刷：湖北金港彩印有限公司
版　次：2024 年 9 月第 1 版
印　次：2024 年 9 月第 1 次印刷
开　本：710 mm×1000 mm　1/16
印　张：14
ISBN 978-7-5480-9088-5
定　价：48.00 元